Georg Vobruba
Das Verschwörungsweltbild

Georg Vobruba

Das Verschwörungsweltbild

Denken gegen die Moderne

Der Autor

Georg Vobruba, Jg. 1948, Dr. jur., ist Professor für Soziologie an der Universität Leipzig. Seine Arbeitsschwerpunkte sind Soziologie sozialer Sicherheit, Europasoziologie und soziologische Gesellschaftstheorie.

Dieses Buch ist erhältlich als:
ISBN 978-3-7799-7800-8 Print
ISBN 978-3-7799-7801-5 E-Book (PDF)
ISBN 978-3-7799-8135-0 E-Book (ePub)

1. Auflage 2024

in der Verlagsgruppe Beltz · Weinheim Basel
Werderstraße 10, 69469 Weinheim

Herstellung: Ulrike Poppel
Satz: xerif, le-tex
Druck und Bindung: Beltz Grafische Betriebe, Bad Langensalza
Beltz Grafische Betriebe ist ein klimaneutrales Unternehmen (ID 15985–2104-100)
Printed in Germany

Weitere Informationen zu unseren Autor:innen und Titeln finden Sie unter: www.beltz.de

Inhalt

I Eine andere Welt

Sie und *Wir*

Es ist eine faszinierende, aber keine einladende Welt. Dunkle Mächte walten an ihrer Spitze. *Sie* sind selbstsüchtig, *Sie* sind böse, *Sie* bestimmen. *Ihr* Vorteil ist *unser* Schaden. *Uns* drohen finale Katastrophen. *Wir* – das ist die überwiegende Mehrheit, regional, staatlich, weltweit. *Wir* sollten uns wehren, aber den meisten von uns fehlt die Einsicht. Eine kleine Minderheit versucht uns aufzuklären. Sie entwirft das Verschwörungsweltbild.

Mit der Lektüre von Verschwörungspublizistik betritt man eine fremde Gesellschaft. Zuerst erscheint vieles schlicht absurd. Dann wird klar, dass das Verschwörungsdenken einer Logik folgt, die es zu einem Weltbild formt. Man versteht und man lernt, die Texte in der ihnen eigenen Logik zu lesen. Das Verschwörungsweltbild wird nachvollziehbar, und es wird nachvollziehbar, dass man sich im Verschwörungsweltbild verlieren kann. In seiner Gesellschaft zu leben bedeutet, sich permanent benachteiligt zu sehen, unterworfen und ausgeliefert zu sein, Wut und Angst zu haben, zu resignieren oder verzweifelt Widerstand zu leisten. Die Gesellschaft des Verschwörungsweltbildes ist übel. Ob das wirklich so ist? Jedenfalls ist es ernst zu nehmen. Denn „if men define situations as real, they are real in their consequences." (Thomas, Thomas 1928: 571) Wie lässt sich diese fremde Gesellschaft verstehen?

Die Logik des Verschwörungsweltbildes steht im Zentrum meiner Untersuchung. Sie bietet für alles, was in der Gesellschaft passiert, *einfache* Erklärungen: Die sozialen Verhältnisse lassen sich auf die Absichten einer Gesellschaftsspitze zurückführen. Das sind die Supermächtigen[1]. Die Supermächtigen sind böse und für den üblen Zustand der Gesellschaft verantwortlich. Wenn ich Argumentationen aus dem Verschwörungsweltbild paraphrasiere, werde ich die Supermächtigen manchmal *Sie* und die Leute, als deren Stimme sich die Verschwörungsdenkenden sehen, *Wir* nennen. Das hat schlicht den Zweck, das Manichäische deutlich zu machen, das dem Verschwörungsdenken selbst so wichtig ist. Also: *Sie* haben sich gegen *Uns* verschworen. Das Verschwörungsweltbild liefert zugleich ei-

1 „‚Supermächtige' sind in der Regel superreiche Individuen, die über multinationale Organisationen wie Firmen oder Stiftungen organisiert sind und durch Erbe und die Mechanismen des ‚The winner takes it all capitalism' zu ihrer Stellung gekommen sind. Als Durchsetzungsorganisationen dienen Think Tanks, Stiftungen, internationale Organisationen, Politiker, Lobbyisten, Lehr- und Bildungssysteme, Finanzorganisationen und Geld." (Eric Markhoff, Die Höherzüchter. Rubikon 7. 5. 2021. https://www.manova.news/artikel/die-hoherzuchter) Alle Zugriffe zuletzt am 15. 10. 2023.

ne Universalerklärung und eine Fundamentalkritik der Gesellschaft, mit der Perspektive, die Gesellschaft grundsätzlich anders zu gestalten. Alles muss anders werden.

Woher kommt dieses Weltbild? Welche Gesellschaftsbeschreibung bietet es an? Warum ist seine Logik so zwingend, und welche Folgen hat sie?

Kein Spaß

Die Lektüre von Verschwörungstexten über Monate und Jahre hinterlässt einen zwiespältigen Eindruck. Einerseits sind viele Argumente so weit hergeholt, manche Schlussfolgerungen derart bizarr und einzelne eifernde Formulierungen so daneben, dass es schwierig ist, sich darüber nicht zu amüsieren. Charles Blattberg (2021) hat erklärt, „pourquoi les théories de complot sont amusantes", und es fällt schwer, ihm nicht zuzustimmen. Andererseits aber sprechen die in die Texte investierte Energie und die zwischen Kritik und Aggressivität changierende Attitüde dafür, dass man sie doch sehr ernst nehmen sollte. Also: Ich zitiere die zahlreichen Belege nicht, um Sie, liebe Leserinnen und Leser, zu amüsieren. Die Kritik an den sozialen Verhältnissen, die durchscheint, mag abwegig sein, doch der Ernst, mit dem sie vorgetragen wird, ist ernst zu nehmen. Das Gefühl, undurchsichtigen, üblen Verhältnissen ausgeliefert zu sein, spricht gegen die Gesellschaft und nicht gegen die Leute, die sie kritisieren.

Daraus folgt unmittelbar: Der Gegenstand meiner Untersuchung ist ein Weltbild, das von einer speziellen Logik geformt wird. Dieses Weltbild wird anhand ausgewählter Texte sichtbar. Es geht nicht darum, mit einzelnen Autorinnen und Autoren in einen Diskurs einzutreten, und schon gar nicht darum, sie bloßzustellen. Darum habe ich gezögert, die Namen der Autorinnen und Autoren der Texte zu nennen. Aber sowohl das Recht auf Anerkennung der Urheberschaft als auch die Verantwortung für die Texte sprechen dafür. Es ist auch nicht die Aufgabe der Untersuchung, Inhalte des Verschwörungsweltbildes zu widerlegen. Der Grund dafür ist einfach. Im Kern ist das Verschwörungsweltbild eine umfassende Gesellschaftsbeschreibung, die prinzipiell jeden Aspekt der Gesellschaft erfasst. Auf all das inhaltlich einzugehen, um etwas richtigzustellen, wäre nichts anderes als die Selbstüberschätzungen des Verschwörungsdenkens zu wiederholen. Seine Selbstüberschätzung besteht entweder darin, für ein ganzes Spektrum an kompliziertesten Fragen über Expertenwissen zu verfügen, oder aber darin, Expertenwissen durch „selbständiges Denken"[2] ersetzen zu können. „Bilde dir dein Wissen durch eigene Erkenntnisse und gehe den Weg der selbst gewählten und

2 Z. B. Ralf Rosmiarek, Die Leere zwischen zwei Buchdeckeln. Manova 16. 6. 2023. https://www.manova.news/artikel/die-leere-zwischen-zwei-buchdeckeln

selbst erschaffenen Erfahrungswelten."[3] Es geht hier nicht um all die Inhalte dieser „selbst erschaffenen Erfahrungswelten", sondern um die Logik ihres Aufbaus. Es geht nicht um die Frage, ob die Corona-Pandemie ein ernstes weltweites Problem oder eine Inszenierung machtgeiler WHO-Bürokraten, geldgieriger Pharma-Milliardäre oder durchgeknallter Kontrollfreaks „ganz oben" war. Es geht um das Weltbild und seine Logik, in der die Pandemie nichts anderes als eine Inszenierung eben dieser Leute sein kann – und eine nächste Pandemie kommen muss. Es geht nicht um die Frage, ob der Zweite Weltkrieg eine Inszenierung „der Ostküste" war, sondern darum, dass dies im Verschwörungsweltbild – konsequent zu Ende gedacht – so sein muss. Es geht nicht um die Frage, ob es Verschwörungen gibt, sondern darum, dass letztlich alles auf eine Verschwörung zurückgeführt werden muss. Natürlich lässt sich das Operieren dieser Logik nur an Inhalten darstellen. Nur darum referiere ich Inhalte des Verschwörungsdenkens. Dabei ist es mir nicht gerade leichtgefallen, mir inhaltliche Bedenken, Einwände, Korrekturen zu verkneifen. Aber ich habe mich um das mir mögliche Maximum an Distanz bemüht.

Das Material

Das empirische Material meiner Untersuchung sind Texte aus mehreren Online-Magazinen. Am wichtigsten ist „Rubikon", im April 2023 umbenannt in „Manova". Rubikon bezeichnete sich selbst als „das Magazin für die kritische Masse. Wir berichten über das, was in den Massenmedien nicht zu finden ist."[4] Diese prägnante Formel wurde von Manova nicht übernommen. Aber nach wie vor bietet Rubikon/Manova „schonungslose Kritik, lebendige Debatten und beleuchtet neue Wege für eine menschen- und mitweltfreundliche Gesellschaft"[5]. Aus Rubikon/Manova stammen die meisten Texte zum Verschwörungsweltbild. Die Seite „tkp.at" bezeichnet sich als „ein Redaktionsnetzwerk eigenständiger Autoren"[6]. Die meisten Beiträge auf tkp fügen sich in das Verschwörungsweltbild. Das „Overton-Magazin" „versteht sich als Stimme gegen Debatteneinengung und Moralismus. Es hinterfragt die allgemeinen Narrative und ist dezidiert kein ideologisches Sprachrohr oder Verlautbarungsorgan, sondern fühlt sich der Aufklärung verpflichtet."[7]

---

3 Rüdiger Lenz, Gates kaperte Deutschland. apolut 14. 7. 2023. https://apolut.net/gates-kaperte-deutschland-von-ruediger-lenz/

4 https://www.rubikon.news/team

5 Manova, „Über uns". Das Impressum nennt als verantwortlich die „Initiative zur Demokratisierung der Meinungsbildung gGmbH".

6 Vgl. Das Impressum von Tkp nennt als Eigentümer und Herausgeber Dr. Peter F. Mayer, er ist zugleich einer der Hauptautoren.

7 Vgl. Impressum. Das Overton-Magazin nennt als Diensteanbieter (Telemediengesetz § 5) die Westend Verlag GmbH.

Als Material für diese Untersuchung eignen sich nur manche seiner Texte. Ähnlich ist es mit den „Nachdenkseiten" und mit „apolut".[8] „Uncut news"[9] ist eine Plattform, die Texte anderer Seiten sammelt, darunter viele Übersetzungen von Netzveröffentlichungen aus den USA. Das Besondere an dieser Plattform ist die Radikalität und – ja – Abwegigkeit vieler Texte. Unter den zahlreichen Themen findet man selbstverständlich strikte Leugnung von Corona, darüber hinaus aber auch Erwägungen zur Frage „ist der Eiermangel eine weitere Verschwörung?", und man erfährt, dass „die Wahrheit ist, dass diese kleine Elite von Millionären eigentlich eine satanische Sekte von Luziferanbetern ist." Insgesamt bietet Uncut news besonders viele Texte, bei denen es leichtfällt, von den Inhalten abzusehen und sich ganz auf die Logik der Argumentation zu konzentrieren. Nebenbei gewinnt man einen Eindruck von den Vorstellungen von Alt-Right, den extremen Rechten in den USA. Leider sind manche Übersetzungen schlecht. Uncut news ist eine Art „best off"-Sammlung und somit ein Sonderfall. Die anderen Magazine, die meiner Untersuchung zugrunde liegen, zeigen eine gewisse Offenheit für „Gelegenheitsjournalismus" (Weber 1911: 48) und haben eine Kommentarfunktion. Ob sich dadurch eine Tendenz zu partizipativer Textproduktion oder gar zur Aufhebung der Trennung zwischen Schreibern und Lesern abzeichnet[10], halte ich für offene Fragen. Jedenfalls kommt dadurch zusätzliches empirisches Material zustande. Auf ein besonders rasantes Beispiel komme ich irgendwo im Buch noch zu sprechen.

Die Magazine bezeichnen sich als „alternative Medien" oder „unabhängige Medien". In schroffem Gegensatz dazu sehen sie die „Konzernmedien" oder „Mainstream-Medien". Sie bezeichnen sich als unabhängig, weil sie nicht im Eigentum von „Konzernen" sind, sondern sich aus Spenden finanzieren und maßgeblich auf ehrenamtlicher Tätigkeit beruhen. Dass man auf Spenden dringend angewiesen ist, wird von allen regelmäßig betont. Wenn ich recht sehe, können die Medien drei Arten von Publikumsreaktionen registrieren: Klicks, Kommentare und unterschiedliche Grade an Zustimmung durch Spenden, Daueraufträge oder Spontanspenden. Zumindest in einem Fall, nämlich Rubikon/Manova, befindet sich hinter jedem Artikel ein Spenden-Button, sodass eine direkte Rückkoppelung zwischen Textproduktion und Publikumsgeschmack entsteht. Inserate sind selten, sonstige Finanzierungsquellen werden explizit ausgeschlossen oder sind kein Thema.

Es ist mir wichtig zu betonen, dass es hier nicht um Gesamteinschätzungen der genannten Magazine geht. Es geht darum, anhand geeigneter Texte das Ver-

---

8 Herausgeber der Nachdenkseiten ist Albrecht Müller (Impressum). apolut ist ein Projekt von Ken Jebsen, verantwortlich ist Lena Lampe, die Geschäftsführerin der apolut GmbH (Impressum).

9 Uncut news bezeichnet sich als unabhängig. https://uncutnews.ch/impressum/

10 Dazu grundsätzlich Sutter, Wehner 2023; Volkmann 2023. Sowie Habermas 2022.

schwörungsdenken nachzuvollziehen und das Verschwörungsweltbild zu rekonstruieren und verstehbar zu machen. Für die Auswahl der Zitate war entscheidend, dass die Struktur der Argumentation klar wird, und dass ihre Konsequenzen deutlich werden. Für die meisten Argumente, Behauptungen, Vermutungen, die in ihrem Zusammenhang das Verschwörungsweltbild ergeben, finden sich in den Texten viele Beispiele. Ich habe mich bemüht, solche auszuwählen, die möglichst knapp und möglichst anschaulich sind. Und ich halte mich an einen Rat von Thomas Luckmann: „Es sind ja keine Stichproben. Wenn die Strukturen sich wiederholen oder nur kleine Variationen ergeben, dann hört man auf, dann braucht man nicht das Gleiche nochmal von vorn." (Luckmann et al. 2015: 412)

Auf eine Eigenheit muss ich noch hinweisen. In der Verschwörungspublizistik wird zwar immer wieder zum „Selberdenken" aufgefordert, aber man beruft sich doch gerne auf Autoritäten. Es müssen allerdings die richtigen sein. Zu diesem Zweck wird streng zwischen „unseren" und „ihren" Autoritäten unterschieden, und die Namen werden dementsprechend mit Beiwörtern versehen. Darum beruft man sich auf der einen Seite auf „weltweit anerkannte", „renommierte" Experten und „preisgekrönte" Journalisten, während auf der anderen von „selbsternannten", „so genannten", „mit öffentlichem Geld gezüchteten"[11] Experten die Rede ist. Die Autorinnen und Autoren der Verschwörungstexte werden – entgegen akademischen Gepflogenheiten – manchmal mit akademischen Titeln genannt, sofern vorhanden (Butter 2018: 62). Dem folgend ergibt sich in diesem Buch vereinzelt ein ungewohnter Zitierstil.

Das Problem und die Frage

„Davos ist der Ort geworden, von dem aus der Welt ihre historischen Weisungen zuteilwerden. Von ganz oben. Da genießt man den ganzheitlichen Überblick über das Gewimmel der Krisen in den Niederungen. Und man erkennt die Opfer kaum."[12] Dieser Text rückt den im Verschwörungsdenken wohl beliebtesten Bösewicht ins Scheinwerferlicht: das World Economic Forum, den Treffpunkt der supermächtigen Elite. Und er nützt den Glücksfall der Seehöhe von Davos (1560 m) für die Veranschaulichung der Kommandostruktur dieser Welt. Zugleich macht er die logische Struktur des Verschwörungsweltbildes deutlich: Ein Handlungszentrum dient als absoluter Bezugspunkt für die Erklärung der Welt. Diese Verankerung des Verschwörungsweltbildes in einem Absoluten macht den Kern des Denkens gegen die Moderne aus. Alles hängt von den Intentionen des mächtigen Handlungszentrums ab. Dieses Zentrum wirkt aus dem Hintergrund bzw. ver-

11 Albrecht Müller, Nachdenkseiten 12. 6. 2023. https://www.nachdenkseiten.de/?p=99139

12 Walter van Rossum, Geschichtlicher Wendepunkt. Rubikon 28. 5. 2022. https://www.manova.news/artikel/geschichtlicher-wendepunkt

deckt von oben. Jedenfalls ist es auf den ersten Blick nicht sichtbar und muss entlarvt werden (Boltanski 2015; Butter 2018; Meyer 2018). Antworten auf die Frage, warum sich etwas ereignet, können inhaltlich unterschiedlich ausfallen. Strukturell legt die Logik des Weltbildes das Ergebnis immer schon fest.

Mich interessieren drei Fragen. Woher kommt, wie operiert und wie wirkt Verschwörungsdenken? Antworten erfordern die Rekonstruktion des Verschwörungsweltbildes. Ich unternehme dies in der systematischen Absicht zu zeigen, dass Verschwörungsdenken Denken gegen die Moderne ist. In diesem Sinne spreche ich von „Einfachdenken" (Vobruba 2019: 84 ff.; Vobruba 2020: 107 ff.). Das Einfachdenken bietet gegen die komplizierten sozialen Verhältnisse einfache Interpretationen. Es identifiziert korrekt Komplexität als ein zentrales Merkmal der Moderne. Indem sich das Einfachdenken gegen soziale Komplexität wendet, wendet es sich exakt gegen die Moderne selbst.

Wirklich wirklich

Aus der Vielfalt der mit Alleingeltungsanspruch auftretenden Wirklichkeitsbehauptungen fallen in den letzten Jahren Erderwärmungsskepsis, Putin-Verstehen, Impfskepsis u. ä. auf. In der Akteursperspektive sind dies felsenfeste Überzeugungen davon, was wirklich wirklich ist. Sie stehen dem Wissen diametral gegenüber, das für die überwiegende Mehrheit im Wesentlichen außer Streit steht. Daraus ergeben sich fundamentale Konflikte und der wechselseitige Vorwurf, die Spaltung der Gesellschaft zu betreiben. Die soziologische Beobachtung rivalisierender Wirklichkeitskonstruktionen in der Gesellschaft hat dazu geführt, Patt-Situationen (Endreß 2022) und fundamentale epistemische Unsicherheit (Bogner 2021) zu diagnostizieren. Man sollte dies als empirische Befunde ernst nehmen, nicht aber zu einem alles erfassenden Realitätsrelativismus generalisieren. Ich werde der epistemischen Unsicherheit kein soziologisches Besserwissen (Vobruba 2019) entgegengehalten, sie aber *ex negativo* eingrenzen.

Die Soziologie kann zwar keine unstrittige Beschreibung der Gesellschaft anbieten, aber es besteht doch Einigkeit über ein Basismerkmal: Von einer absoluten Spitze her kann die Gesellschaft der Moderne weder gedacht noch organisiert werden. Das bedeutet erstens, dass sich mit den Mitteln der Wissenssoziologie zeigen lässt, welches Wissen über die moderne Gesellschaft ihr mit Sicherheit *nicht* angemessen ist. Und zweitens folgt daraus, dass die Gesellschaft durch ihre Mitglieder – wenn auch überwiegend nicht intentional – gestaltet wird. Wovon sonst? Das Ergebnis sind komplexe soziale Verhältnisse. Wesentliches Merkmal der Moderne ist also, dass die sozialen Verhältnisse gestaltbar und im Ergebnis komplex sind. Es wird sich zeigen, dass das Verschwörungsweltbild genau diesen Basismerkmalen der Gesellschaft der Moderne gespalten gegenübersteht. Einerseits ist dem Verschwörungsdenken soziale Komplexität eine Zumutung, gegen die es eine radikal vereinfachte Interpretation in Stellung bringt. Andererseits hält das Verschwörungsdenken an der modernen Idee der Selbstgestaltbarkeit der sozialen Verhältnisse fest. Anders wäre der gesamte Einsatz gegen die schlechte Gesellschaft der Gegenwart – im Wortsinn – nicht denkbar. Daraus folgt: Im Verschwörungsweltbild wird auf moderner Grundlage gegen die Moderne gedacht. Daher kommt seine Zwiespältigkeit, die in Inkonsistenzen und zu seinem Scheitern führt.

Im nächsten Schritt verknüpfe ich drei Argumente. Erstens werde ich die langfristige historische Tendenz skizzieren, mit der Reichweite und Dichte der Gesellschaft immer mehr zugenommen haben. Dies geht so weit, bis ein Zustand erreicht wurde, in dem man von einer komplexen Gesellschaft spricht. Zweitens werde ich erklären, was ich unter Einfachdenken verstehe. Es handelt sich um eine Auffassung von Realität, die der Logik der Handlung folgt, in der Intention und Wirkung einfach verknüpft sind und die sich gegen die Komplexität der Gesellschaft richtet. Und drittens werde ich zeigen, dass sich das Verschwörungsweltbild daraus ergibt, dass die gesamte gesellschaftliche Wirklichkeit anhand der Logik der Handlung erklärt wird.

II Theorie des Einfachdenkens

Die Ruhe der Vormoderne

Am Beginn der Neuzeit war das Mittelalter noch lange nicht vorbei. Der Widerspruch löst sich auf, wenn man dem Umbruch des Weltbildes (Dux 1982/2017; Blumenberg 1981), rekonstruiert anhand avancierter Texte der Frühen Neuzeit, die beharrliche Traditionalität der Leute gegenüberstellt. Das vorneuzeitliche Lebensgefühl der Leute ist schwer zu beschreiben. Einerseits legte man großen Wert auf die eigene Beobachtung. „Das hab ich selbs gesechenn." Diese Formel flicht Dionysius Dreytwein (1498–1573) in den Bericht seines Lebens immer dann ein, wenn es um bemerkenswerte Ereignisse geht (Borst 1983: 553 ff.). Andererseits lebte man mit der festen Überzeugung einer unsichtbaren, übernatürlichen Realität. Für das moderne Verständnis ergeben sich daraus merkwürdige Widersprüche. Die Ordnung, in der die Leute lebten, war fest gefügt, doch es gab bemerkenswerte Ausschweifungen. Die Leute hatten Angst, vor der Nacht, vor Feuersbrünsten, Epidemien, Angst vor der Natur, vor den Unwägbarkeiten des Schicksals, vor dem „schrecklichen Gott"[13], Höllenangst. Unter anderen Hieronymus Bosch (um 1450–1516) und Matthias Grünewald (um 1480–1530) haben sie greifbar gemacht.[14] Lustig ging es dennoch zu. Das zeigen uns Bilder von Pieter Bruegel dem Älteren (1525/1530–1569) und Pieter Bruegel dem Jüngeren (1564–1638). Man sorgte sich, aber man sorgte nur wenig vor. Woher kommt das? Die Widersprüche, die in moderner Perspektive ins Auge fallen, lösen sich in der Welt des Mittelalters leicht auf: Die Leute hatten wenig Zukunft.

Dass die Leute wenig Zukunft hatten, lässt sich auf mehrere Weisen verstehen. Erstens dauerte das Leben nicht lange. 30 bis 40 Jahre, dann war meist Schluss. Langlebigkeit war selten und galt als Ausweis von Weisheit. Hier spielten ein pragmatischer Grund und die traditionale Logik als Ursachen zusammen. Das Wissen alter Leute veraltete nicht, denn die Statik der sozialen Verhältnisse sicherte den Wert der Erfahrung. Und es war näher am „Wissen der Alten", näher am absoluten Ursprung, der im traditionalen Weltbild allem vorgelagert und übergeordnet gedacht wird. Zweitens lebte man im Mittelalter das „Leben vom Tode her" (Borst 1983). Die Begrenztheit des irdischen Lebens war ständig gegenwärtig, der Tod

---

13 König Friedrich Barbarossa an Papst Eugen im März 1152; zit. nach Borst 1983: 580.

14 Auf einem der Flügel des Isenheimer Altars in Colmar. Es fragt sich, ob man schlicht davon sprechen kann, dass die Malerei die Angst der Leute abbildete. Auf die Menschen im Mittelalter wirkten anschauliche Artefakte sehr intensiv. Der weite mittelalterliche Begriff von Wirklichkeit verlieh Bildern einen starken Realitätsgehalt. Es lässt sich also auch sagen: Die Darstellungen prägten die Ängste der Leute.

wurde nicht als Ende, sondern als Übergang verstanden. Diesseits- und Jenseitsvorstellungen waren miteinander dicht verwoben. Der harte Realitätscharakter des Jenseits relativierte die Zeit auf Erden und prägte das Verständnis von Zukunft: Sie endet mit dem Austritt aus der Zeit und der Rückkehr in den Ursprung. Und drittens lebten die Leute im Mittelalter mit der präsenten Erwartung der Rückkehr des Erlösers und des baldigen Endes der Welt samt jüngstem Gericht. „Die Idee vom Altern der Welt und dem nahenden Untergang war ein untrennbarer Bestandteil des Denkens der mittelalterlichen Menschen." (Gurjewitsch 1980: 153) Die Naherwartung des Endes der Welt trieb insbesondere um die Jahrtausendwende bemerkenswerte Blüten. Das Grundgefühl war: Ich bin ausgeliefert, dem Ratschluss Gottes ergeben.

Scharfsinnig fasst Reinhard Koselleck (1984: 349ff.) die Differenz zwischen dem vormodernen und dem modernen Verstehen von Geschichte als den Unterschied, in dem „Erfahrungsraum" und „Erwartungshorizont" zu einander stehen. Vormodern bestimmt der Erfahrungsraum weitestgehend den Erwartungshorizont. Schon aufgrund des extrem langsamen sozialen Wandels werden die Erwartungen von den Erfahrungen bestimmt. „Die Erwartungen, die in der geschichteten bäuerlich-handwerklichen Welt gehegt wurden und auch nur gehegt werden konnten, speisten sich zur Gänze aus den Erfahrungen der Vorfahren, die auch zu denen der Nachkommen wurden" (Koselleck 1984: 360). Die stabile Möglichkeit, Erfahrungen in die Zukunft fortzuschreiben, lässt sich nicht nur auf der Ebene des Alltag-Erlebens begründen. Jenseits der schlichten Tatsache, dass sich kaum etwas Neues ereignete, wurde die Deckungsgleichheit von Erfahrung und Erwartung durch ein Charakteristikum der absolutistischen Logik des traditionalen Weltbildes stabilisiert: Wenn alles, was der Fall ist, auf einen vorausgesetzten, absoluten Ursprung als Bezugspunkt jeglichen Erklärens zurückgeführt wird, dann haben die Erfahrungen und das Wissen der Alten Vorrang vor allem Neuen: Altes Wissen liegt näher am Ursprung und bezieht daraus seine überlegene Autorität.

Langsamer Abbau der Tradition

Das Weltbild eines Müllers um 1600 war einfach. Es war einfach im Sinn von: Intention = Effekt. Was der Fall ist, lässt sich als Realisierung einer darauf gerichteten Intention erklären. Der Müller Domenico Scandella, genannt Menoccio, machte es sich schwer. Er begab sich auf die Suche nach dem Urgrund der Schöpfung, da er an Gott als den absoluten Anfang nicht glauben konnte. Den Inquisitoren erklärt er: „Ich habe gesagt, daß was meine Gedanken und meinen Glauben anlanget, alles ein Chaos war ... Und jener Wirbel wurde also eine Masse, gerade wie man den Käse in der Milch macht, und darinnen wurden Würm', und das waren die Engel. Und die allerheiligste Majestät wollte, daß dies Gott und die Engel wären.“ (zit. nach Ginzburg 1979: 86) Was also fand der arme Müller? Eine „allerheiligste Majestät“, die immer schon da war und nach deren Intention Gott und die Welt entstanden. Man sieht: Im Rahmen des traditional-absolutistischen Weltbildes können Zweifel an der Existenz eines höchsten, absoluten Bezugspunkts nur zu einem noch höheren führen. Von ihm geht alles aus, er bewirkt alles. Eine andere Logik war nicht verfügbar. Es handelte sich um einen frühen Ausbruchsversuch. Er wurde rasch gestoppt. Papst Clemens VIII. persönlich forderte seinen Tod. Ende 1600 wurde das Todesurteil der Kirche an Menoccio vollstreckt.

Die Ablösung des traditionalen Weltbildes ist ein Prozess, der Jahrhunderte dauerte (und dauert), und hoch selektiv wirkte (und wirkt). Dass die Erde nicht der Mittelpunkt der Welt ist, galt noch im 17. Jahrhundert „nur für eine Handvoll von Astronomen; Johannes Kepler und der Rat der Städte Ulm oder Leonberg lebten tatsächlich in verschiedenen Welten. Die guten Bürger suchten voller Angst den Himmel nach Wunderzeichen, nach ‚Prodigien‘, ab; Kometen und Kometenfurcht beherrschten noch ihr Denken. Nur die Astronomen wissen, dass es sich anders verhält, dass Kometen nicht nahe der Erde entstehen und dass sie für niemanden etwas zu bedeuten haben.“ (Kittsteiner 2010: 204)[15] Obwohl (weil?) das neue Weltbild die Auflösung von Bedrohungsvorstellungen bedeutete, war die Entwicklung und Popularisierung der neuen Lehre noch längere Zeit mit erheblichen persönlichen Risiken verbunden. Das Schicksal des Galileo Galilei ist bekannt. Doch obwohl die Kirche ihn und seinesgleichen bedrohte, fand die neue Lehre bald Anerkennung bei Teilen der damaligen politischen Eliten. „Weniger als dreißig Jahre nach der Verurteilung Galileis von 1633 segnen die beiden mächtigsten Könige Europas in England und Frankreich die neuen Wissenschaften mit eigens für sie gegründeten Akademien ab.“ (Kittsteiner 2010: 218) Die selektive Säkularisierung erfasste auch den Glauben an Wunder, seien es Wunderheilungen, seien es In-

15 Ein Nachhall der traditionalen Kometenfurcht, ironisch gebrochen, ist das „Kometenlied“ aus der Zauberposse „Der böse Geist Lumpazivagabundus“ von Johann Nestroy, uraufgeführt 1833 im Theater an der Wien. Es beginnt mit dem Satz: „Es is kein' Ordnung mehr jetzt in die Stern', D' Kometen müßten sonst verboten wer'n“; und mit Ausnahme der letzten Strophe, die eine Verbeugung vor dem Publikum ist, enden alle mit dem Refrain: „Die Welt steht auf kein' Fall mehr lang.“ (Nestroy 1835)
Zur Entzauberung der Kometen unübertroffen schreibt Hans Blumenberg: „Die Erfindung des Blitzableiters und die Bahnbestimmung der Kometen waren die prototypischen Leistungen der Aufklärung: die Objekte oder Symptome der Furcht des Menschen vor den ihm unzugänglichen, unberechenbaren oder unbeherrschbaren Naturerscheinungen erwiesen sich als dem Instrumentarium der Erkenntnis erreichbar.“ (Blumenberg 1981: 642) „Die ‚Folgelasten‘ der kopernikanischen Wende“ waren der Sinnverlust des Weltalls und die sprunghaft zunehmende Unanschaulichkeit wissenschaftlicher Erkenntnis, wodurch „Lebenswelt und Weltmodell“ (ebd.: 630) endgültig auseinandergerissen wurden. Die damit verbundene unvermeidbare „Abwertung alltäglicher, unmittelbarer Erfahrung“ (Bogner 2021: 99) ist für alle, die sich noch heute die Welt „selberdenkend“ erschließen wollen, eine Zumutung.

dizien göttlichen Zornes wie Unwetter, Überschwemmungen, Missgeburten (Habermas 1988). Die Berichte über Wunder, die die einfachen Leute erlebten, wurden zuerst für die städtischen Gebildeten zum Gegenstand von Erbauungsliteratur. Dann zogen die Leute nach, und aus Indizien göttlichen Zornes wurden Attraktionen auf Jahrmärkten. Aber es dauerte, bis es so weit war. In vielen Fällen musste neues Wissen von den Bildungseliten gegen die katholische Kirche und gegen den mehr oder weniger starken Widerstand der einfachen Leute durchgesetzt werden. Im 18. Jahrhundert ist der Glaube an ein personalisiertes Böses auf dem Rückzug, Hexenprozesse werden zögerlich abgeschafft, meist gegen den Druck der bäuerlichen Bevölkerung. Neuzeitliches Denken setzt sich unter den Leuten durch. „Und auch die Kirche zog bald nach. Schon im Jahr 1992 wurde von Papst Johannes Paul II. die Verurteilung des Galileo Galilei von der katholischen Kirche formell aufgehoben und das gegen ihn ergangene Urteil als Fehlentscheidung bezeichnet." (Kittsteiner 2010: 196)

Erst mit der Moderne entsteht das Bewusstsein, dass die sozialen Verhältnisse von denen gestaltbar sind, die in ihnen leben. Zugleich öffnet sich den Menschen die Zukunft als Raum wählbarer Möglichkeiten. Es dauert Jahrhunderte, eher: ein halbes Jahrtausend, bis sich dieses Bewusstsein einigermaßen breitenwirksam durchsetzt. Natürlich hat es immer schon Sorgen um die Zukunft und darum Vorsorge im Kleinen gegeben. Aber „die Zukunft war nichts, für das man hätte Sorge tragen können oder müssen. Denn was immer geschah, lag schon irgend beschlossen in der Vergangenheit. Nur die Praxis ließ in der Sorge für das Nächstgelegene ein kleines Stück Zukunft erkennen. Ganz anders die Neuzeit!" (Dux 1989/2017: 296)

In der Perspektive, die sich aus dem Verhältnis von Erfahrungsraum und Erwartungshorizont ergibt, lässt sich der Übergang zur Neuzeit als zunehmende Inkongruenz von Erfahrungen und Erwartungen beschreiben. Es wird immer schwieriger, Erwartungen aus Erfahrungen abzuleiten. Kosellecks These lautet, „daß sich in der Neuzeit die Differenz zwischen Erfahrung und Erwartung zunehmend vergrößert, genauer, daß sich die Neuzeit erst als neue Zeit begreifen ließ, seitdem sich die gespannten Erwartungen immer mehr von allen zuvor gemachten Erfahrungen entfernt haben." (Koselleck 1984: 369) Die Folge ist, dass Zukunft unsicher wird.

Allerdings wurde die unsichere Zukunft mit klassenspezifisch höchst unterschiedlichen Erwartungen besetzt. In der akademischen und intellektuellen Diskussion dominierte „Fortschritt". Man war sich der Unsicherheit der zukünftigen Entwicklung bewusst, aber es war klar, dass es eine Entwicklung zum Besseren sein würde. Anschauungsmaterial und Paradigma dafür war der sich beschleunigende technische Fortschritt. Es kam (und kommt) aber auf den Beobachtungsstandort an: Akademische Beobachter konnten aus der Distanz Gewinne und Verluste der Entwicklung gegeneinander aufrechnen und zu einem positiven Ergebnis kommen, das sie unter „Fortschritt" buchten. Das sich entwickelnde Wirtschaftsbürgertum musste mögliche Gewinne und Verluste gegeneinander abwägen und daraus Risikokalküle entwickeln. Bei ihnen verbanden sich Zukunftserwartungen mit dem Bewusstsein, selbst handelnd in den Lauf der Dinge eingreifen zu können. Zukunft war für sie Möglichkeitenraum. Für die ganz überwiegende Mehrheit dagegen bedeutete die Zukunft nicht wählbare Möglichkeiten, sondern ein hereinbrechendes Schicksal. In der Zukunft lauerten Gefahren. Und das ziemlich sicher.

Das Bewusstsein, dass Zukunft nicht Schicksal, sondern ein Gestaltungsproblem ist, war also lange Zeit einer kleinen Minderheit am Rande der Gesellschaft vorbehalten. Mit der Expansion des Handels, vor allem des Fernhandels, entwickelte sich zugleich ein Bewusstsein von Zusammenhängen zwischen weit entfernten Phänomenen. Die Nutzung von Preisunterschieden zwischen Einkauf und Verkauf setzte Transporte über große Distanzen voraus. Gewürze mussten aus dem Nahen und Mittleren Osten nach Europa gebracht werden (Reinertsen Berg 2023). Man wusste, dass das riskant ist. Aber in Kontrast zu den Gefahren, vor denen man sich ängstigte und mit allerlei magischen Praktiken zu schützen versuchte, ging es nun um eine Abwägung. Gefahr von Totalverlusten gegen die Möglichkeit sehr erheblicher Gewinne. Diese kalkulierende Gegenüberstellung verwandelte das Verständnis von Unsicherheit als Gefahr, der man ausgesetzt war, in ein Risiko, das man einging. Dies bedeutete zugleich die Erweiterung des Zukunftshorizonts und ein darauf gerichtetes neues Verständnis der eigenen Aktivität, vom Ausgeliefertsein zur Gestaltung. Dabei muss man zwei Unterscheidungen treffen: 1. Jene, die dieses Bewusstsein hatten; und jene, die es (noch) nicht hatten. 2. Jene, die in der Lage waren, diesem Bewusstsein entsprechend tatsächlich zu handeln; und jene, die diesem Handeln anderer ausgesetzt waren/sind. Für Letztere ergaben/ergeben sich daraus Gefahren zweiter Ordnung. In der Gesellschaft, die sich zur Moderne entwickelt, entsteht daraus das Bewusstsein, dass die sozialen Verhältnisse von Menschen gestaltbar und gestaltet sind – aber ganz überwiegend von anderen.

Im Zuge des Strukturwandels zum Weltbild der Moderne erweitert sich der Zukunftshorizont von Entscheidungen. Ob damit auch die „Entscheidungsabhängigkeit der Zukunft" (Luhmann 1991: 6) zunimmt, ist allerdings fraglich; jedenfalls dann, wenn man unter Entscheidungsabhängigkeit versteht, dass sich auf weitere Zukünfte erstreckende Intentionen tatsächlich in ihnen entsprechende Effekte umsetzen lassen. Die Gleichung Intention = Effekt ist eine Möglichkeit, wahrscheinlicher aber ist, dass das Zusammenwirken des zukunftsgerichteten Handelns vieler zu nicht intendierten Effekten führt. Vor allem für all jene, die daran nicht beteiligt sind, aber die Folgen zu spüren bekommen, sind diese Effekte Schicksal.[16]

16 Durch eine weitere Reflexionsschleife verändert sich die Konstellation noch einmal, wenn Einschätzungen zukünftiger Effekte selbst zu Handelsobjekten in der Gegenwart werden („fu-

Die ersten Versicherungsformen entwickelten sich mit dem Fernhandel. Dahinter steht schon ein verändertes Verhältnis zu Unsicherheit und Zukunft: Nicht als Gefahr, vor der man Angst hat und der man nach Möglichkeit ausweicht, sondern als Risiko, das Gewinn oder Verlust einschließt, und das man auf sich nimmt, weil man sich Gewinne verspricht. Allerdings waren die Risiken groß. Schiffe konnten untergehen, Piraterie war weitverbreitet, Transporte über Land konnten überfallen werden. Darum schlossen sich mehrere Träger ähnlich gelagerter Risiken zu Vorformen von Versicherungen auf Gegenseitigkeit zusammen, erst anlassbezogen, dann dauerhaft. Die versicherungsförmige Domestizierung der Zukunft erforderte zwei Schritte in Richtung modernen Denkens. Erstens musste man lernen, Schadensereignisse nicht auf die Intention einer überirdischen Macht zurückzuführen, sondern als unglückliche Zufälle zu nehmen, mit deren Eintritt mit gewisser Regelmäßigkeit zu rechnen ist; und zweitens, dass sich Schadensereignisse zwar auf das Zusammenwirken von Handeln zurückführen lassen, dass sie aber nicht den Intentionen dieses Handelns entsprechen. Diese Entkoppelung von Intention und Effekt ist eine zentrale Errungenschaft des Denkens der Moderne (Ewald 1993: 209 ff.; Bonß 1995: 191 ff.).

Insgesamt ergibt sich in der vormodernen Phase der Neuzeit diese Konstellation: eine Minderheit mit modernem Zukunfts- und Selbstgestaltungsbewusstsein, Denken und Handeln mit Risikoorientierung und aktiver Absicherung. Und die Mehrheit mit magisch-religiösem Denken, dem Gefühl irdischen und überirdischen Mächten ausgeliefert zu sein, Unsicherheitsabbau passiv durch Suche nach Zeichen. Diese Unterschiede in den Realitätsdeutungen sind ein Aspekt des Handelskapitalismus als Klassengesellschaft.

Ab dem Ende des 18. Jahrhunderts beschleunigten sich die technischen, ökonomischen und sozialen Entwicklungen, die in sozialer Komplexität resultierten. Ich habe dies schon skizziert (Vobruba 2020). Wem das reicht, empfehle ich für die beiden folgenden Kapitel, sich an Heinrich Heine (1829/1969: 37) zu halten: „Wenn du dich bei dem ennuyanten Zeug, das darin vorkommen wird, langweilst, so tröste dich mit mir, der all dieses Zeug sogar schreiben mußte. Ich rate dir, überschlage dann und wann einige Seiten, dann kommst du mit dem Buche schneller zu Ende – ach, ich wollt', ich könnte es ebenso machen!"

Wege in die komplexe Gesellschaft

Ausgehend von den ökonomisch dominierenden Regionen Europas kam es etwa ab der Mitte des 18. Jahrhunderts zu einer bisher ungekannten Ausbreitung und Verdichtung der sozialen Beziehungen. Beide Entwicklungstendenzen ent-

---

tures"). Ob dies die Zukunftsentwicklung beruhigt („Gleichgewicht") oder alles noch instabiler macht (Weltfinanzkrise 2008 ff.), ist eine offene Frage.

falten sich parallel und tragen wechselseitig zur Steigerung bei.[17] Sie ergeben per se noch keine komplexe Gesellschaft, führen aber hin. Ich rekonstruiere Reichweite und Verdichtung als Wege in die Komplexität der Gesellschaft, um dann zu zeigen, dass die Erklärung der Welt in der Logik der Handlung durch die Kollision mit dieser Komplexität zu Einfachdenken wird.

Reichweite. Etwa seit dem Ende des Mittelalters erweiterten sich die Handelsbeziehungen, es folgt das Zeitalter der Entdeckungen und die Expansion der Handelsseefahrt. Technische (Sextant) und soziale Erfindungen (Versicherungen) steigerten die Reichweiten ökonomischer Operationen und machten ihr Risiko überschaubar. Der Fernhandel erhielt von zunehmenden Luxusbedürfnissen starke Impulse. Luxus entwickelte sich in engem Zusammenhang mit der Etablierung höfischen Lebens, mit der Verstädterung und einer auf Ausschweifungen spezialisierten Bevölkerungsschicht (Sombart 1916/1987: 719 ff.). Der Begriff „Welthandel" wird im 19. Jahrhundert gebräuchlich und ab der Mitte des 19. Jahrhunderts prominent. Dass es ungefähr zur gleichen Zeit üblich wird, von „Geschichte" im Singular zu sprechen, bezeugt das parallel zunehmende globale Interdependenzbewusstsein. Dies führt zu zahlreichen neuen Wortbildungen: Weltkrieg (im Zusammenhang mit den napoleonischen Kriegen), Weltwirtschaft, Weltausstellung – die erste findet im Jahr 1851 statt. Mit anderen Worten: Es entwickelt sich das Bewusstsein, in *einer* Welt zu leben.

Weitreichende Beziehungen gab es schon lange, im Wesentlichen aber in Form von Kriegen und durch Fernhandel.[18] Das involvierte lange Zeit relativ wenige. Erst die technische Entwicklung etwa seit der Wende zum 19. Jahrhundert forcierte und verallgemeinerte die Ausbreitung der sozialen Zusammenhänge, seien es ökonomische und soziale Beziehungen, seien es nicht intendierte Effekte. Erst wird die Dampfmaschine erfunden, dann gelingt die Übersetzung von Stoßbewegungen in eine Kreisbewegung. Dadurch wird Dampfkraft zum Transportantrieb und zur Grundlage von Eingriffen in die Lebenswelt wachsender Bevölkerungskreise; und zwar zu dramatischen Eingriffen. Von der ersten Generation Reisender wird die Fahrt mit der Eisenbahn als Auflösung des stabilen Verhältnisses zwischen Raum und Zeit erlebt (Schivelbusch 1979: 35). Die Erreichbarkeit ferner Orte in vergleichsweise kurzer Zeit (Bahnfahren bedeutete anfangs etwa die Verdreifachung der Geschwindigkeit gegenüber der Postkutsche) wurde als Schrumpfung, wenn nicht gar Vernichtung des Raumes verstanden. Heinrich Heine (zit. nach Schivelbusch 1979: 38 f.) schreibt anlässlich der Eröffnung der Bahnlinien von Paris nach Rouen und Orléans im Jahr 1843: „Welche Veränderun-

17 Dazu die groß angelegte Skizze von Marcel Maus (2017), in der er zeigt, dass Nationen im Verbund und Austausch untereinander zu denken sind. Die Isolation einer Nation lässt sie hinter ihren historisch erreichten Entwicklungsstand zurückfallen.

18 Wobei eine klare Separierung zwischen Krieg, Piraterie / Räuberei und Handel erst im Übergang zur Neuzeit stattfand (Duby 1984).

gen müssen jetzt eintreten in unserer Anschauungsweise und in unseren Vorstellungen! Sogar die Elementarbegriffe von Raum und Zeit sind schwankend geworden. Durch die Eisenbahnen wird der Raum getötet und es bleibt uns nur noch die Zeit übrig." Ebenso wird die Seefahrt revolutioniert: Dank Dampfantrieb können Schiffe plötzlich gegen den Wind fahren. Technisierung und Industrialisierung des Reisens wirken unmittelbar auf das Erleben von Reichweite und Erreichbarkeit. Parallel zur Eisenbahn wurden die ersten Telegraphenlinien installiert. Damit wird eine Revolution des Nachrichtenwesens eingeleitet. Die einschneidende Neuerung war die Verlegung des Unterseekabels durch den Atlantik im Jahr 1858 (Holtorf 2013). Die Telegraphie verringerte die Zeit für Nachrichtenübermittlung über den Atlantik von einer Woche auf wenige Minuten. Das brachte eine weitere immense Steigerung des Bewusstseins für weiträumige Erreichbarkeit. Die Times schreibt 1889, dass die Telegraphie den Begriffen Raum und Zeit beinahe ihre Bedeutung nehme – eine typische Übertreibung[19] als Reaktion auf die rasche Steigerung der Reichweite sozialer Beziehungen.

Die zunehmende Ausbreitung von sozialen, darunter insbesondere ökonomischen Zusammenhängen setzt die Verfügbarkeit von Geld und von Geldderivaten voraus. „Money is a means of time-space distanciation. Money provides for the enactment of transactions between agents widely separated in time and space." (Giddens 1990: 24) Entscheidend für die Entwicklung weiträumiger ökonomischer Beziehungen, die damit quasi automatisch weitere Zeiträume einschließen, sind Kredit-Techniken, insbesondere der Wechsel (von Pannwitz 1999). Indem der Wechsel vielfältige neue Möglichkeiten der Verknüpfung ökonomischer Beziehungen schafft und die Verpflichtung des Schuldners vom (materiellen) Grundgeschäft löst, war er ein Turboantrieb für Komplexitätssteigerung.[20] Der Wechsel war für die sich ausdifferenzierende kapitalistische Ökonomie höchst funktional, weil die Abstraktheit und die Transferierbarkeit der verbrieften Forderung eine Art staatsfern geschaffenes Geld darstellte. Aus denselben Gründen war er für Laien eine unübersichtliche, gefährliche Angelegenheit. Die lebensweltliche Regel: „einen Wechsel besser nicht unterschreiben", bezeugt das. Moderne und Geld sind sowohl in systematisch-historischer Perspektive als auch im Verständnis der Leute eng verbunden. In dem Maße, in dem man zur alltäglichen Lebensführung Geld benötigt, wird es zum Transmissionsriemen

19 Man findet sie im Zusammenhang mit dem Internet wieder: Die neue Kommunikationstechnologie hebt den Raum auf – mit tiefgreifenden Folgen für das Alltagsleben (Cairncross 2001).

20 Die Entwicklung des Wechsels zu einem Dokument, bei dem die Zahlungsverpflichtung des Schuldners unabhängig vom Grundgeschäft besteht, hat Kurt von Pannwitz (1999) rekonstruiert. Sie war in der Mitte des 19. Jahrhunderts mit der Allgemeinen Deutschen Wechselordnung im Wesentlichen abgeschlossen. Der Wechsel hat seine Funktion als Kreditinstrument mit der Einführung des Euro-Systems weitgehend eingebüßt, da die Geschäftsbanken die von ihnen gehaltene Wechsel nicht mehr rediskontieren (das heißt: die von ihnen vergebenen Wechselkredite mit einem Abschlag, dem Diskontsatz, bei der Notenbank refinanzieren) können.

von Komplexität in die Lebenswelt. Von der sich durchsetzenden Moderne samt der zunehmenden Monetarisierung der Lebenswelt führt ein direkter Weg zum Antisemitismus als der aggressivsten Version des Einfachdenkens.

Insgesamt: Die zunehmende Ausbreitung der Gesellschaft bedeutet aus Akteursperspektive zunehmende Erreichbarkeit. Das steht in engem Zusammenhang mit dem Verhältnis von Risiko und Gefahr. Für die einen werden immer weitere Räume erreichbar, in denen sie Chancen wahrnehmen (und Risiken eingehen) können. Die anderen werden von weit entfernten Entwicklungen (und den Gefahren, die von ihnen ausgehen) immer leichter erreichbar. Beides vermitteln die modernen Kommunikationsmittel, vor allem das Geld.

Verdichtung. Die Verdichtung der Gesellschaft geht mit den Steigerungen der Reichweite Hand in Hand. Sichtbarster Ausdruck ist die zunehmende Verstädterung der Welt. Städte werden zu Knotenpunkten von Reichweitentechnologien: große Häfen, Kopfbahnhöfe. Da sich die industrielle Produktions- und Lebensweise als Verdichtung und Verstädterung durchsetzt, werden die Nachteile der Verdichtung am Großstadtleben beobachtbar. „Die Zentralisation der Bevölkerung in großen Städten", berichtet Friedrich Engels (1845/1970: 325), begünstigt die Ausbreitung von Übeln aller Art: Krankheit, Armut, Kriminalität, Unzucht. Mit der großstädtischen Verdichtung einher geht „die brutale Gleichgültigkeit, die gefühllose Isolierung jedes einzelnen." (ebd.: 257) Gleichwohl rücken Armut und Reichtum einander so nahe, dass erforderlich wird, „vor den Augen der reichen Herren und Damen mit starkem Magen und schwachen Nerven das Elend und den Schmutz zu verbergen." (ebd.: 279)[21] Zur selben Zeit beschreibt der Reform-Unternehmer Friedrich Harkort in einem seiner „Bienenkorb-Briefe" (1849) die unguten Einflüsse der Großstadt aus entgegengesetzter Sicht. „Ferner heiße ich Proletarier: Leute, die, von braven Eltern erzogen, durch die Verführung der großen Städte zugrunde gegangen sind; Wüstlinge und Zecher, die den blauen Montag heiliger halten als den Sonntag ..." (zit. nach Treiber, Steinert 1980: 37). Es ist bemerkenswert, dass sich die Kritik der Großstadt seltener als Kapitalismuskritik, sondern viel häufiger als romantische Kritik der Moderne fortschreibt.

Steigerung der Reichweite und zunehmende Verdichtung der Gesellschaft ergeben an sich noch keine komplexe Gesellschaft, aber sie sind die wesentlichen Voraussetzungen dafür, bzw. sie machen den Übergang zur komplexen Gesellschaft sehr wahrscheinlich. Denn mit zunehmender Reichweite der Gesellschaft erschließen sich zunehmende Möglichkeiten der Relationierung ihrer Elemente. Von einer komplexen Gesellschaft kann man dann sprechen, wenn sie aus derart vielen Elementen und Zusammenhängen zwischen ihnen besteht, dass sich einzelne Wirkungen nicht mehr auf eindeutig identifizierbare einzelne Ursachen

21 Erst Generationen später wird „Ansteckung" zum Denkmodell von Interdependenz durch Verdichtung, aus dem ein wesentlicher Antrieb für Sozialpolitik entsteht: Man kümmert sich um Probleme anderer, damit sie nicht zu Problemen für einen selbst werden (Webb, Webb 1912).

zurückführen lassen. Ich komme darauf gleich ausführlicher zurück. Jedenfalls gilt: Sobald die Steigerung der Reichweite und die Verdichtung der Gesellschaft es unmöglich machen, einzelne Elemente miteinander in einem einfachen Ursache-Wirkungs-Schema so zu verknüpfen, dass damit ein soziales Phänomen erschöpfend erklärt ist, hat man es mit sozialer Komplexität zu tun. Die ist nicht leicht zu verdauen. Warum? Damit komme ich zum nächsten Argumentationsschritt.

Einfachdenken: Die Logik der Handlung

„Die Geschichte und unsere tägliche Erfahrung lehren uns, dass die einfachste Erklärung meist die beste ist. Es gibt ein paar einfache Triebkräfte, die den Gang aller Dinge auf dieser Welt bestimmen. Gier nach Profit und Macht stehen ganz oben auf dieser Liste. Darum entscheiden sich Menschen in Wirtschaft und Politik immer für das, womit sie am meisten Geld verdienen und ihre Machtposition am besten sichern können. Wenn man mit diesem Wissen analysiert, was zurzeit geschieht, dann ergibt vieles einen Sinn, was auf den ersten Blick unlogisch erscheint."[22] Dieses Erklärungsangebot für die Corona-Politik rekurriert auf die „alltägliche Erfahrung", um komplexe Zusammenhänge, nämlich „den Gang aller Dinge auf dieser Welt"[23] zu erklären. Das ist Einfachdenken. Im Rahmen seiner Logik bedeutet Erklären, alles Erklärungsbedürftige als die Realisierung einer darauf gerichteten Intention eines Akteurs auszuweisen. Einfachdenken folgt der Logik der Handlung. Der Zusammenhang im Einzelnen:

Handeln ist der basale Modus, in dem sich Subjekte mit der Welt verbinden und auf die Welt beziehen. „Unser Handeln ist die Brücke, über welche der Zweckinhalt aus seiner psychischen Form in die Wirklichkeitsform übergeht." (Simmel 1900/1989: 257) Im Unterschied zu Verhalten versteht man unter Handeln eine Aktivität, die von einer Intention geleitet wird. Was versteht man unter „Logik der Handlung"? Handeln beruht auf einer komplizierten Antizipationsleistung. Sie besteht darin, dass die Ursache von Handlungen „in der Vorstellung ihres Erfolges besteht. Wir empfinden uns hier gleichsam nicht von hinten getrieben, sondern von vorn gezogen." (ebd.: 254.) Handlungen werden ausgelöst, indem die „Vorstellung des Erfolgs als Veranlassung" wirkt (ebd.: 255).

Was genau geht vor, wenn man handelt? Der Zusammenhang von Intention und Handeln impliziert, dass jede Handlung erst einmal geplant wird. Das muss nichts Ausgefeiltes sein, läuft aber immer nach dem folgenden Muster ab: Erst stellt sich die/der Handelnde das Ergebnis ihres/seines Handelns vor, nimmt den Handlungserfolg gedanklich vorweg. „Im Entwurf wird zunächst das Ziel

---

22 Ulrich Schneider, Die Banalität der Pandemie. Rubikon 27. 1. 2022. https://www.manova.news/artikel/die-banalitat-der-pandemie

23 Ebd.

des Handelns, die vollzogene Handlung vorgestellt" (Schütz, Luckmann 2003: 465) Für zielgerichtetes Handeln ist die Vorstellung konstitutiv, wie es nach dem Handeln gewesen sein wird. Es geht „um einen Vorgriff in die Zukunft" (ebd.). Dann wird eine Handlungsstrategie entworfen, die an der Vorstellung des Handlungserfolges orientiert ist. So wird die Vorstellung des Handlungserfolges zur Intention des Handelns. Diese für das Handeln konstitutive Verknüpfung haben Alfred Schütz und Thomas Luckmann in die Formel gefasst, dass Handeln *modo futuri exacti* stattfindet (ebd.). Man will mit seinem Handeln etwas Spezifisches erreichen, das man als Vorstellung antizipiert und zur handlungsleitenden Intention gemacht hat. Ein entscheidendes Merkmal des Handelns ist also die Intention; und mit der Intention ein Handlungszentrum. Aus der Grundform des Handelns entwickelt sich ein spezifisches Kausalitätsverständnisdas der Logik der Handlung folgt. Die Logik der Handlung als Paradigma des Verstehens von Wirklichkeit sitzt tief. Warum?

Das Verständnis von Kausalität entwickelt sich an handelnd erzeugten Erfahrungen. Neugeborene konstruieren ihre Welt anhand von Erfahrungen, die über das Handeln anderer vermittelt sind. In der Regel ist das erst die Mutter, dann sind es die Eltern oder andere Bezugspersonen. Im Zuge des Aufbaus der Welt passiert zweierlei zugleich. Erstens macht das Kind konkrete Erfahrungen: dass Gegenstände zu Boden fallen, dass der Schlüsselbund klimpert, dass man mit diesem oder jenem Geräusch Aufmerksamkeit auf sich ziehen kann. Und zweitens entwickelt das Kind eine ordnende Vorstellung von Zusammenhängen. Es bildet eine einfache operative Logik aus, nach der die Phänomene geordnet sind, eine Logik, die Auskunft verspricht, wenn man „warum?" fragt. Da jedes Kind anfangs völlig auf eine sorgende Bezugsperson angewiesen ist, und da es seine Welt-Erfahrungen vermittelt durch diese Person macht, und nur so machen kann, kann die frühe Logik, die das Kind ausbildet, nur die Logik des Handelns sein. Mit anderen Worten: Für das Kleinkind lässt sich alles, was passiert, letztlich auf die Intentionen einer handelnden Instanz zurückführen, von der es anfangs völlig abhängig ist. „In der Ontogenese der nachkommenden Gattungsmitglieder ist diese Erfahrung so dominant, dass sie zum Paradigma allen Geschehens wird." (Dux 2017: 164) Die Frage „warum?", wie vage auch immer sie gestellt werden mag, wird mit dem Rekurs auf eine Intention beantwortet.

Das ontogenetisch frühe, das historisch-traditionale[24] und das Alltagsverständnis von Kausalität bedienen sich darum der Logik der Handlung. Die handlungslogische Interpretation der Welt wird in der Sprachentwicklung aufgenommen, verstärkt und fixiert. Günter Dux hat gezeigt, in welcher Weise

24 Auf den Zusammenhang zwischen der Entwicklung handlungslogischen Denkens in der individuellen Sozialisation und der Ausbildung der traditional-absolutistischen Weltbildstruktur kann ich hier nicht eingehen. Dazu Dux 1982/2017: 77 ff. Dieser Ansatz baut auf Ideen von Jean Piaget 1973 auf.

in der Entwicklung zum homo sapiens Handeln von Sprechen flankiert und zugleich geprägt wird. Die praktische Notwendigkeit, Zusammenhänge zwischen Handelnden und Objekten zu signalisieren, führt dazu, dass sich in der Syntax die Logik des Handelns abbildet. Wie stark und unmittelbar Handeln die Ausbildung von Sprache prägt, kann man daran erkennen, dass in der Syntax fast aller Sprachen das Subjekt vor dem Objekt angeordnet ist (ebd.: 288 f.). Das Subjekt steht vor dem Objekt, die Ursache vor dem Effekt, den sie kausal bewirkt. Die Verknüpfung der Intention des Subjekts mit der Wirkung am Objekt ist die Grundlage von Einfachdenken.

Die Handlungslogik im Alltag

Das Alltagsdenken geht von dieser einfachen handlungslogischen Verknüpfung als seinem Kausalitätsverständnis aus. Ein Sachverhalt folgt aus einer Ursache. Die Ursache ist einem mit Willen ausgestatteten Handlungszentrum nachgebildet, einem handelnden Etwas. Es bringt den Sachverhalt als die Wirkung eines Willens hervor. Zwischen Intention (Ursache) und Wirkung besteht ein 1:1-Verhältnis. Im Alltagsdenken bedeutet kausal Erklären darum, die Wirkung auf eine handlungsleitende Intention als Ursache zurückzuführen und als ihre Hervorbringung zu interpretieren.

Darum sind für das Beobachten, Interpretieren und Handeln in der Alltagswelt Intentionen zentral. Wird die Handlungslogik zur Logik von Welterklärung ausgeweitet, führen Intentionalität und Intersubjektivität (Balog 1988/2012: 15), die für Handlungen konstitutiv sind, erst zur Konstruktion eines überlegenen (transzendenten) Handlungszentrums und dann zu Erklärungsversuchen, die sich darauf konzentrieren, dessen Intentionen zu eruieren und mit ihm nach Möglichkeit in Kontakt zu treten. Unter traditionalen Verhältnissen ist das die Aufgabe von Glaubensvirtuosen (Priestern, Propheten, Weisen). Modern und politisch gewendet bedeutet es die Orientierung an starken Führungsfiguren, die den Leuten eine unmittelbare Beziehung und Lösungen ihrer Probleme aus souveräner Handlungskompetenz versprechen. In der modernen, komplexen Gesellschaft bedeutet das zugleich das Versprechen einer drastischen politischen Vereinfachung der sozialen Verhältnisse. Mit diesen basalen Überlegungen zeichnet sich eine Verbindung zum Populismus ab: Der Populismus verspricht den Leuten die direkte Übermittlung ihrer Anliegen in politisches Handeln, die unmittelbare Lösung ihrer Probleme (Vobruba 2019a).

Die Logik der Handlung hat ihre Leistungsfähigkeit über Jahrtausende bewiesen. In allen Versionen traditional-vormodernen Denkens wurde und wird alles, was der Fall ist, auf die Intentionen einer Instanz mit überlegener Gestaltungsmacht zurückgeführt. Das Verfahren ist seiner Struktur nach immer dasselbe: Die Frage „warum?“ erschließt eine Kette von Rückverweisungen auf Gründe, die hinter den Gründen, die wieder hinter den Gründen usw. ... liegen. So lange, bis man an einem absoluten Bezugspunkt angekommen ist, von dem aus sich alles erklären lässt und der selbst jeder Erklärungsnotwendigkeit enthoben und nicht hinterfragbar ist (Dux 1982/2017; Dux 2000/2017). Die traditionale Logik der Interpretation der Welt hat sich durch die Verallgemeinerung der Logik der Handlung entwickelt und impliziert darum ein Handlungszentrum und die Welt als seine Hervorbringung. Der absolute Bezugspunkt und die an ihm hängende Logik der Welterklärung begannen sich erst im Zuge der Säkularisierung aufzulösen, insbesondere als die Erde aus dem Mittelpunkt des Weltalls rückte, und als mit der Entdeckung der „Entstehung der Arten" die Evolutionstheorie ihren Durchbruch erlebte. Was immer dies für die Naturwissenschaften bedeuten mag – das Denken wechselte von einem Gesellschaftsmodell mit einer Spitze und einem Zentrum zur Vorstellung von Gesellschaft als einer unübersichtlichen Fülle von sozialen Relationen. Kurz gesagt: Als Paradigma des Verstehens von Gesellschaft hat die Logik der Handlung in der Moderne abgedankt.

Allerdings: Im Alltagsdenken bewegen wir uns wie selbstverständlich im Rahmen der Handlungslogik (Dux 2017: 162). „Primär aus den Interaktionsstrukturen des Alltags organisiert sich unsere Erfahrung, und andererseits konstituieren unsere Erfahrungen und unser Handeln die Strukturen unseres Alltags." (Soeffner 1989: 13) Die im Alltag dominierende Handlungslogik liefert uns auf die Warum-Frage knappe Antworten und damit ein Wissen, mit dem man gut durch den Tag kommt. Vergegenwärtigte man sich beim Besuch des Supermarkts alle Bedingungen für einen gelingenden Einkauf, würde der Einkauf scheitern. Um im Alltag realitätstüchtig zu bleiben, benötigt man einfache Kausalitäten. „Einfach" bedeutet hier, dass Fragen nach der Ursache eines sozialen Phänomens auf eine Intention zurückgeführt werden, die sich einem Subjekt zuordnen lässt. Das Verstehen der nahen Alltagswelt ist also immer auf die Logik des Handelns festgelegt. Der Alltag findet in einer Lebenswelt statt, deren vorzügliches Kennzeichen ihre vielen Selbstverständlichkeiten sind (Blumenberg 2001: 59 f.). Das hat etwas ungemein Entlastendes. Es kann allerdings passieren, dass diese Art des Alltagsverstehens problematisch wird. Das ist dann der Fall, wenn komplexe Zusammenhänge sich lebensweltlich nicht ignorieren lassen. Im Zuge der sich durchsetzenden Moderne wird dies bewusst, ohne dass sich deshalb schon eine Lösung abzeichnet. Heute spürt „jeder Mensch am eigenen Leib, dass großräumige politische Kräfteverhältnisse und ökonomische Prozesse von weit her sein Leben nachhaltig beeinflussen, und er weiß, dass diese im raschen Wandel begriffen sind und sein Leben einschneidend verändern könnten, unter Umständen in bedrohlicher Weise." (Luckmann 1998: 22)

Ich fasse diese Überlegung zusammen. Denken in der Logik der Handlung ist in der Sozialisation angelegt. Es ist im Alltagsdenken verankert und bewährt sich dort: Um den Alltag zu bewältigen, braucht man einfache Kausalzusammenhänge. Mit zunehmender Komplexität der Gesellschaft kann das zum Problem werden. Damit komme ich zum zweiten Teil meines ersten Arguments, dem Clash von Einfachdenken und Komplexität.

Komplex, kompliziert

Die Moderne ist nicht einfach. Das Grundmerkmal der Moderne in ihrer Gesellschaftsstruktur und ihrem Denken ist, dass sie die absolutistische Logik der Welterklärung hinter sich gelassen hat (Dux 2000/2017). Die Auflösung der dominanten Verbindung aller einzelnen Elemente (der Gesellschaft) mit einer absolut gesetzten Spitze setzt eine unüberschaubare Vielfalt der Möglichkeiten an Verbindungen der Elemente untereinander frei. Aktualisieren sich die darin angelegten Möglichkeiten, entsteht Komplexität. Konsequenz ist, dass alle Angebote, die Komplexität der Moderne aufzulösen, rückwärtsgewandt, also Retroreaktionen sind.

Komplex bedeutet etwas anderes als kompliziert. Was ist der Unterschied? Ein Sachverhalt erscheint als kompliziert, wenn er sich nicht leicht überblicken/verstehen/erklären lässt. Komplex bedeutet, dass ein Phänomen durch mehrere untereinander verbundene Faktoren so bewirkt wird, dass es sich nicht aus einer Ursache erklären lässt, dass kein einfacher Kausalzusammenhang besteht. Die Entstehung von Komplexität wird dadurch begünstigt, „daß die möglichen Relationen zwischen Elementen in geometrischer Progression anwachsen, wenn man die Zahl der Elemente vermehrt, wenn also das System wächst." (Luhmann 1997 Bd. I: 137.) Diese Vermehrung der Zahl der Elemente fand historisch als Steigerung der Reichweite und Verdichtung der sozialen Zusammenhänge statt. Komplex bedeutet also, dass für die Erklärung eines Sachverhalts eines jedenfalls nicht in Frage kommt: sich hinter allem, was der Fall ist, einen dahinterstehenden Handelnden, Akteur vorzustellen. Also alles, was der Fall ist, auf eine dahinter wirkende Absicht, Intention zurückzuführen. „Als komplex wollen wir eine zusammenhängende Menge von Elementen bezeichnen, wenn aufgrund von immanenten Beschränkungen der Verknüpfungskapazität der Elemente nicht mehr jedes Element jederzeit mit jedem anderen verknüpft sein kann." (Luhmann 1984: 46) Baut man, anders als Luhmann, Akteure in die Theorie ein, wird zweierlei möglich.

Erstens wird durch den Einbau von Akteuren in die Theorie sozialer Systeme der Stellenwert von Intentionen im Zusammenhang mit sozialer Komplexität klar. Soziale Komplexität bedeutet dann, dass ein sozialer Sachverhalt aus dem Zusammenwirken von vielen, oft sehr raschen Anpassungsprozessen der Intentionen mehrerer Akteure entsteht. Sozial komplex sind Prozesse, an denen Handelnde teilnehmen und ihre Intentionen verfolgen, sie aber immer wieder revidieren müssen, weil die Effekte des Handelns aller Beteiligten zu ihren Handlungsbedingungen werden. Solche emergenten Prozesse werden zwar durch Handeln angetrieben, ihr Ergebnis deckt sich aber nicht mit den handlungsleitenden Intentionen. „Common to all usages of the term emergence in the social sciences is that it is only applied to effects produced unintentionally" (Mayntz 2009: 144). Komplexität, Emergenz, Selbstorganisation, kollektives Handeln, spontane Ordnung, Marktpreisbildung – all diesen Begriffen ist gemeinsam, dass sie soziale Prozesse und ihre Ergebnisse jenseits des einfachen handlungslogischen Zusammenhangs ‚Intention = Effekt' erfassen. Auch wenn solche Ergebnisse auf Handeln analytisch rückführbar sind, lässt sich kein Handelnder als Verursacher und Verantwortlicher identifizieren. In die Alltagswelt übertragen bedeutet das: Man erlebt etwas, man ist von einer Entwicklung irgendwie betroffen, ohne dass klar wäre, wer oder was daran schuld ist; vielmehr: Die Schuldfrage findet keine Adressaten mehr und wird sinnlos. Komplexität kann als kompliziert wahrgenommen werden. Vermutlich kann man das Begriffspaar ‚komplex – kompliziert' dem Paar ‚System – Lebenswelt' zuordnen: Komplexe Zusammenhänge werden lebensweltlich als kompliziert erfahren.

Selbstverständlich können sich in komplexen Prozessen unter Umständen mit Macht ausgestattete Akteure rhetorisch verstecken. Sie agieren dann eben nicht im komplexen Marktprozess, sondern benützen ihn. Akteure, die über ausreichende Machtausstattungen verfügen, können entweder Rahmenbedingungen zu ihren Gunsten setzen oder im Prozess ihre Intentionen durchsetzen statt sich ihm anzupassen. Ob ein solcher Verdacht zutrifft, ist eine empirische Frage. Generalisiert man ihn, ist man schon nahe am Verschwörungsdenken.

Und zweitens kann man durch den Einbau von Akteuren in die Theorie das ökonomische System als hervorgehobenes System der kapitalistischen Gesellschaft einführen, ohne die Idee funktionaler Differenzierung preiszugeben (Schimank 2015), also ohne in das Denkmuster einer Gesellschaft mit Spitze zurückzufallen.[25] Und zwar so. Der Einbau von Akteuren in die Theorie funktionaler Differenzierung eröffnet die Möglichkeit, empirisch zu fragen, welche Aspekte systemischer Komplexität die Leute als Irritationen in ihrer Lebenswelt tatsächlich wahrnehmen und mit welchen sie primär fertig werden müssen. Die These, dass das ökonomische System dominant ist, wäre dann bestätigt, wenn es sich bei den lebensweltlichen Problemen der Leute um solche handelt, die sich dem ökonomischen System verdanken. Das lässt sich dann zu der Einsicht zusammenziehen, dass soziale Komplexität die Leute primär als Probleme der materiellen Existenzsicherung betrifft (Nissen, Vobruba 2009; Ganßmann 1994). Also: Die handlungstheoretische Unterfütterung der Theorie funktionaler Differenzierung ermöglicht es der Soziologie, zu beobachten, wie die Leute systemische Komplexität als lebensweltliche Probleme erfahren, interpretieren und dementsprechend handeln. Und die Soziologie kann dies wiederum selbst

25 Zur Unverträglichkeit der Vorstellung einer der (globalen) Gesamtgesellschaft „absolut" vorstehenden Elite mit der modernen, funktional differenzierten Gesellschaft vgl. Hitzler, Pfadenhauer 2004.

interpretieren, das heißt, in die Theorie funktionaler Differenzierung einbauen. Ob das kapitalistisch-ökonomische System in der Moderne das dominante System ist, wird dadurch von einer theoriestrategisch-konzeptionellen zu einer empirischen Frage. Wir werden sehen, dass die meisten Zumutungen von Komplexität, an denen sich das Verschwörungsdenken abarbeitet, tatsächlich auf die Ökonomie verweisen.

Kollisionen

„Es gibt eine Simultaneität von einerseits einfacheren Sozialformen, die voraussetzungsfrei zu bilden sind: Man braucht nicht viele Grundlagen, um in Interaktion zu treten, und andererseits von hochvoraussetzungsvollen Sozialformen wie etwa Geldsystemen, Bankensystemen, Forschung, anspruchsvoller naturwissenschaftlicher Forschung, Medizin und dergleichen ..." (Luhmann 2005: 193 f.). Hier lässt sich ins Spiel bringen, dass Kollisionen zwischen sozialer Komplexität und dem Alltagsdenken unterschiedlich ausgehen können: Entweder wird dadurch die Lebenswelt systemisch „kolonialisiert" (Habermas 1981), oder aber komplexe Systeme erweisen sich als durch Alltagsdenken „störanfällig" (Luhmann 2005: 194). Die Frage, welche dieser beiden Möglichkeiten sich durchsetzt, ist nicht theoretisch präjudizierbar. Meine These, dass Einfachdenken gegen die Moderne im Kern darin besteht, Alltagsdenken auf komplexe Zusammenhänge anzuwenden, hält sie empirisch offen.

Zu Kollisionen kommt es, wenn komplexe gesellschaftliche Prozesse in der Lebenswelt der Leute unmittelbar Folgen haben. Da die Dynamik der Gesellschaft der Moderne auf Entgrenzungen hinausläuft, ist das Spannungsverhältnis zwischen globaler Dynamik und lokalen Lebenswelten eines ihrer wesentlichen Merkmale (grundsätzlich: Münch 1998). Die Dominanz des ökonomischen Systems wird durch die existentiellen Probleme, die es schafft, für die Leute lebensweltlich erfahrbar. Probleme provozieren Nachfragen: Warum ist mir dies zugestoßen? Wer oder was hat es bewirkt? Die rasante Entwicklung der Kommunikationstechnologien und der Nachrichtenübermittlung seit der Mitte des 19. Jahrhunderts konnte der ganz überwiegenden Mehrheit der Bevölkerungen gleichgültig sein. Aber wenn aus diesen neuen kommunikativen Zusammenhängen neue, komplexe Weltmarktzusammenhänge für Getreide entstehen, durch die der Preis für Brot massiv steigt (James 2022: 47 ff.), oder wenn via Weltmarkt Arbeitskräfte aus unterschiedlichen Weltregionen zueinander in Lohnkonkurrenz geraten, dann sind diese Zusammenhänge nicht mehr gleichgültig. Dann muss dafür eine Erklärung gefunden werden. Da liegt es nahe, dass Erklärungen sich der Logik bedienen, in die man im Alltag eingeübt hat: die Logik der Handlung. Sie liegt ja am nächsten. Also werden Handelnde und deren Intentionen gesucht – und auch gefunden –, auf die man die Probleme zurückführen kann.

Man sucht und man findet Schuldige (Butter 2018: 109). Einfachdenken folgt der Logik der Handlung. Die Aufforderung in der Verschwörungspublizistik, „selber zu denken“ statt Expertenwissen zu vertrauen, versucht, die Neigung zum Einfachdenken zu verstärken.

Charles Tilly (2021) befasst sich mit einem verwandten Problem. Er setzt bei Interaktionskonstellationen an und fragt, in welcher Weise in unterschiedlichen Beziehungen der Frage „why?“ Genüge getan wird; und wie – umgekehrt – unterschiedliche Modi, auf „why?“ zu reagieren, Beziehungen gestalten. Tilly interessiert sich nicht für logische Strukturen von Erklärungen, dennoch durchzieht seine Argumentation das Spannungsverhältnis zwischen „komplex“ und „einfach“ im Sinn von handlungslogisch. Aus seinen Beobachtungen und Beispielen lassen sich zumindest drei Schlussfolgerungen ziehen: 1. Kurzfristige Reaktionen auf dringende Erklärungsbedarfe bewegen sich im Rahmen der Logik der Handlung, komplexe Erklärungen kommen später, da sie Zeit und Abstand vom Geschehen benötigen. Tilly zeigt dies anhand der Reaktionen Betroffener auf 9/11. 2. Je stärker der Bedarf an Schuldzuweisungen, umso eher kommen Erklärungen in der Logik des Einfachdenkens ins Spiel. Und umgekehrt: Bewegen sich Erklärungen in der Logik des Einfachdenkens, münden sie meist in Schuldzuschreibungen. 3. Je weniger Wissensvorrat und Denkmöglichkeiten jenseits des Alltagsdenkens vorhanden sind, umso eher verbleiben Erklärungen im Rahmen des Einfachdenkens, bzw. werden Erklärungen dieser Art als ausreichend akzeptiert. Letzteres bedeutet, dass in der komplexen Gesellschaft immer mit Einfachdenken zu rechnen ist. „Bilde dir dein Wissen durch eigene Erkenntnisse ....“[26] Die in der Verschwörungspublizistik häufige Aufforderung zum „Selberdenken“ bekräftigt und verstärkt die Neigung, Einfachdenken über komplexe Phänomene zu stülpen. Wie versucht das Einfachdenken, die komplexe und verstörende Welt zu verstehen?

Trotzige Metaphysik

Vereinzelt reicht die Prägung durch das Einfachdenken immer noch bis in Bereiche, die seit Jahrhunderten Domäne aufgeklärter Naturwissenschaften sind. Reste von Metaphysik versuchen dort, sich trotzig gegen die Moderne zu behaupten. Worin irren „die abendländische Naturwissenschaft und rationale Philosophie“ fundamental? „Der Mensch wird als belebtes Nichts vorgestellt. Vorangepeitscht von Wahnideen und dumpfen Egoismen, umschnürt vom Korsett einer nihilistischen Zwangsjacke, die ihm den höheren Atem raubt. Zu dieser Zwangsjacke gehört als notwendiges Pendant die Vorstellung eines sinnleeren, lebensfeindlichen und rundum monströsen Universums, in dem gewalttätige

26 Rüdiger Lenz, Gates kaperte Deutschland. apolut 14. 7. 2023. https://apolut.net/gates-kaperte-deutschland-von-ruediger-lenz/

Phantasmen wie die sogenannten Schwarzen Löcher ihr quasifaschistisches Unwesen treiben."[27] Gegen das „materialistische" oder „mechanistische" Verständnis der Welt wird eine „Ganzheit" in Stellung gebracht,[28] gegen das Denken in Relationen die Vorstellung einer Kraft als der letzten und allgemeinen Ursache „lebendiger Prozesse" im Kontrast zur Materie. „Die Ursachen der lebendigen Prozesse in einem Organismus, der Stoffaufnahme und Ausscheidung (Stoffwechsel), des Wachstums einer ganz bestimmten Gestalt und der Fortpflanzung liegen nicht in sinnlich wahrnehmbaren materiellen Erscheinungen, sondern in einer unwahrnehmbaren Ganzheit, die sozusagen verursachend hinter oder über den materiellen Erscheinungen wirkt. Das ist das unwiderlegbare Gesetz des Organischen."[29] „Hinter oder über den ... Erscheinungen" – das ist ein authentischer Ausdruck der absolutistischen Logik des traditional-vormodernen Weltbildes. Sie diktiert den Modus des Erklärens. „Es ist also jeweils eine ganz bestimmte Lebenskräfte-Organisation, die hinter und in jeder Pflanze aufbauend und organisierend wirkt. Sie kann sinnlich nicht wahrgenommen werden, aber dass sie vorhanden sein muss, ist logisch zwingend und dass sie vorhanden ist, in den Wirkungen auch anschaubar. ... Beim Tier kommen nun noch höhere Kräfte einer seelischen Innerlichkeit hinzu, ... und im Menschen wird der lebende und beseelte Organismus von einer noch höheren Kraft durchdrungen, die das Vegetative und Seelische von innen weiter umformt, in die aufrechte Gestalt erhebt und immer mehr in den Dienst des denkenden, sich selbst bestimmenden Geistes stellt."[30] Das Einfachdenken führt von der sichtbaren Wirkung zurück auf das unsichtbare, absolute Agens und nimmt es als Ursache der Wirkung. Es ist tautologisch, da jede Wirkung auf eine Ursache zurückgeführt wird, die nur durch die Wirkung nachweisbar ist. Darum ist dieses „Gesetz des Organischen" unwiderlegbar.

Der Anschluss an das Verschwörungsdenken gelingt spielend: Krankheiten entstehen aus Störungen „lebendiger Prozesse". Viren dagegen sind Erfindungen einer irregeleiteten und korrumpierten materialistischen Wissenschaft, die den Mächtigen in die Hände arbeitet. Die Grundlagen der engen Verbindung von Wissenschaft und politischer Macht entstanden durch die Revolution des Weltbildes am Beginn der Neuzeit. „Die de facto realisierte und funktionstüchtige ‚Wissenschaftsdiktatur' ... beruht letztlich auf den Weichenstellungen der ersten

27 Jochen Kirchhoff, Die Welt ohne uns. Manova 17. 8. 2023. https://www.manova.news/artikel/die-welt-ohne-uns

28 Ernst Hellman, Zurück zur Ganzheit, Manova 20. 4. 2023. https://www.manova.news/artikel/zuruck-zur-ganzheit

29 https://fassadenkratzer.wordpress.com/2023/05/16/viren-konnen-nicht-ursache-innerer-krankheiten-sein-die-auflosung-des-totalitaren-virus-wahns/ (Autor hwludwig, 16. 5. 2023). Herv. i. O.

30 https://fassadenkratzer.wordpress.com/2023/05/16/viren-konnen-nicht-ursache-innerer-krankheiten-sein-die-auflosung-des-totalitaren-virus-wahns/ (Herv. i. O.).

modernen Physiker, Newtons und Galileis, den Anfängen der modernen Naturwissenschaft."[31] Gegen diese „Wissenschaftsdiktatur" hilft nur das Denken gegen die Moderne: „Eine begründete Fundamentalkritik der herrschenden Physik stellt, wahrgenommen und diskutiert, nicht nur die materialistisch agierende Naturwissenschaft auf den Kopf, sie bereitet auch der Selbstgewissheit und Arroganz der Moderne in Bezug auf die grundsätzliche Struktur und den Sinn des Daseins ein Ende."[32]

Das moderne Denken, in dem Organismen aus (kleinsten) Teilchen samt deren Relationen bestehen, und nicht als Ganzheiten vorausgesetzt sind, ermöglicht den herrschaftlichen Zugriff auf sie. Darum setzt das moderne Denken das Leben dem manipulierenden Zugriff schutzlos aus. „Der Mensch ist in transhumanistischer Betrachtung ja ein Auslaufmodell ... So wie es bereits bei Descartes gedanklich angelegt war: Menschen und Tiere sind nur als Maschinen zu verstehen und als solche am besten zu reproduzieren und zu steuern."[33] Das moderne mechanistische Verständnis der Welt[34] liefert das Leben dem Zugriff von Macht aus. Will man das Lebendige vor der Macht bewahren, muss man vor die Moderne zurück.

Einen so expliziten, entschieden rückwärtsgewandten Versuch zur Revidierung des Weltbildes der Moderne findet man in der Verschwörungspublizistik selten. Er attackiert nicht nur das moderne naturwissenschaftliche Denken, sondern verknüpft dies direkt mit Konsequenzen für das Verständnis der Gesellschaft. Man kann ihn als eine Art Erkenntnistheorie des Verschwörungsweltbildes lesen. Sie folgt strikt der absolutistischen Logik des Einfachdenkens. Alles Erklären geht von einem Anfang aus, der als ein Handlungszentrum gedacht wird, das die Phänomene hervorbringt. In der Tat: Im Rahmen der absolutistischen Logik ist es „logisch zwingend", dass man nur seine Wirkungen sieht, das Agens selbst aber „sinnlich nicht wahrgenommen werden" kann. Denn tatsächlich läuft der Erkenntnisprozess andersrum: Erst wird vom erklärungsbedürftigen Phänomen auf das alles erklärende Agens geschlossen, und dann wird eben daraus das Phänomen erklärt. Darum ist der Beweis tatsächlich „unwiderlegbar". Leben ist Leben. Die absolutistische Logik des Einfachdenkens erzwingt die Tautologie. Solche Denkoperationen liegen immer dann nahe, wenn das Alltagsdenken mit komplexen Phänomenen konfrontiert ist, die „der unmittelbaren menschlichen Erfahrung" widersprechen; immer dann, wenn man „sich nur endlich seines

31 Uli Fischer, Evolution ohne Seele. Manova 10. 6. 2023. https://www.manova.news/artikel/evolution-ohne-seele

32 Uli Fischer, Das Gewand der Welt. Manova 5. 9. 2023. https://www.manova.news/artikel/das-gewand-der-welt

33 Uli Fischer, Evolution ohne Seele. Manova 10. 6. 2023. https://www.manova.news/artikel/evolution-ohne-seele

34 Bei Bernd Remmele (2014) kann man sich darüber informieren, dass das mechanistische Denken als Übergangsphänomen zwischen Tradition und Moderne steht und längst überwunden ist.

eigenen Verstandes bedient".[35] Dies ist ein extremes Beispiel für Einfachdenken. Sein Vorteil ist, dass es die Vormodernität des Verschwörungsweltbildes paradigmatisch deutlich macht: Alles, was der Fall ist, lässt sich durch Rückgriff auf einen obersten, ersten Verursacher erschöpfend erklären. Es ist „ein einheitliches tiefes und pyramidalisierendes nötigendes Prinzip" (Foucault 1992: 37), dem das Verschwörungsweltbild die Erklärung von allem unterwirft. Wobei Michel Foucault, wenn ich recht sehe, hier absolutistische Letztbegründungen im Sinne von Günter Dux[36] und kausale Erklärungen insgesamt in einen Topf wirft.

Man sieht: Hier geht es nicht nur um unterschiedliche „Wertstandpunkte und divergierende Weltbilder" (Bogner 2021: 19) im landläufigen Sinn von unterschiedlichen Meinungen. Es geht um eine Logik, die sich von modernem Denken fundamental unterscheidet, mit ihm unvereinbar ist und sich frontal gegen die Moderne richtet. Die Essenz der Gesellschafts- und Denkstruktur der Moderne, gegen die sich dieses Denkprogramm richtet, kann man sich am leichtesten klarmachen, indem man sich die Mühen der Überwindung vormoderner Zustände in Erinnerung ruft.

---

35 https://fassadenkratzer.wordpress.com/2023/05/16/viren-konnen-nicht-ursache-innerer-krankheiten-sein-die-auflosung-des-totalitaren-virus-wahns/ (Herv. i. O.).

36 Zum Verhältnis von Günter Dux und Michel Foucault vgl. Ulrich Bröckling 2014.

III Praktiken des Einfachdenkens

Am Beginn des 20. Jahrhunderts

Der Strukturwandel der Weltbilder von der Tradition zur Moderne war um die Wende zum 20. Jahrhundert endgültig im Alltag der Leute angekommen. Mit dem Ersten Weltkrieg setzten zahlreiche politische, ökonomische und soziale Umwälzungen ein, die in den Alltag der Leute durchschlugen: der Zusammenbruch großer Reiche und Gefährdungen der inneren Sicherheit, Blockaden des transnationalen Getreidehandels und Engpässe in der Lebensmittelversorgung, Inflation und dramatische Vermögensvernichtung, schließlich die internationale Bankenkrise und Kreditklemmen für den Mittelstand (James 2022). Der Wandel wurde vor allem dort als Bruch erlebt, wo bürgerliche Revolutionen steckengeblieben waren, und die Fassade vormoderner Verhältnisse sich lange gehalten hatte; etwa im Deutschen Reich und in Österreich-Ungarn. Insbesondere mit den politischen Umwälzungen nach 1918 gingen die Fixpunkte traditioneller Orientierungen verloren. Die Orientierungsbedürfnisse aber blieben. Die Verunsicherung, die aus der Inkongruenz von Orientierungsbedürfnis und Orientierung entsteht, ist charakteristisch für soziale Übergänge, die als „Schockmomente" (ebd.) erlebt werden. Sie beflügeln Rückzugsphantasien und bieten Verschwörungsglauben Anknüpfungsmöglichkeiten. Ähnlich sieht Karl Popper, auf den der Begriff „Konspirationstheorie" zurückgeht (Popper 1949/1980: 119), die Neigung zum Verschwörungsdenken als „ein typisches Resultat der Säkularisierung religiösen Aberglaubens" (ebd.).[37] Für die Auffassung, dass das Verschwörungsweltbild ein Übergangsphänomen zwischen Tradition und Moderne ist, spricht sowohl die Neigung zu Verschwörungsglauben in Gesellschaften an der Schwelle zur Moderne als auch der Abbau von Verschwörungsglauben (Butter 2021) in fortgeschritten säkularisierten Gesellschaften Europas. Aber wenn das Verschwörungsweltbild auch im weiten Zeithorizont an Anziehungskraft verliert, so erlebt es doch Aufmerksamkeits-Konjunkturen.

Der Zusammenbruch der traditionalen Ordnung zwischen ca. 1900 und 1920, in Österreich als „Die letzten Tage der Menschheit" (Kraus 1922) beschrieben und später als „Experiment Weltuntergang" (Hofmann 1981) stilisiert, erzeugte fundamentale Orientierungsprobleme, die den idealen Resonanzboden für vereinfachende Erklärungen der Welt abgaben. Die Interpretation des Wandels der sozialen Verhältnisse und deren verheerende Folgen, Arbeitslosigkeit, Inflation, Ar-

37 Popper spricht von Verschwörungstheorie, meint aber Verschwörungsweltbild. An der unpräzisen Verwendung des Begriffs „Theorie" krankt auch die an ihn anschließende Debatte (vgl. z. B. Simonelli, Leyhausen 2022).

mut etc., griff auf antisemitische Stereotype zurück, steigerte sie ins Absurde und verband sie zu einem in sich konsistenten Weltbild: Alles, was der Fall ist, wird als Realisation der Intention eines bösen Handlungszentrums gedacht. Der krasse soziale Wandel (Clausen 1994) in der ersten Hälfte des 20. Jahrhunderts manifestierte sich in zwei Überforderungssymptomen, Rückkehrphantasien zu übersichtlichen Sozialverhältnissen und Verschwörungsglauben. Beiden gemeinsam ist der Wunsch nach Vereinfachung.

Rückzugsphantasien

Der rasche und grundlegende Wandel der Arbeits- und Lebensverhältnisse vor und nach der Wende zum 20. Jahrhundert evozierte fundamentale Unsicherheiten und Orientierungsprobleme. Das Eindringen von Komplexität in den Alltag der Leute führte zu diversen Alternativ-Bewegungen.[38] Warum wurden sie gerade von „der Jugend" getragen? Um die Wende zum 20. Jahrhundert etablierte sich Jugend als eigene Lebensphase und als ein Moratorium zwischen Kindheit und Beruf (zumindest bei den Bürgersöhnen). Daraus ergeben sich Möglichkeiten und Anstöße für kritische Distanzierungen von der Gesellschaft „der Erwachsenen". Politisch war „Jugend" weniger als Lebensalter gemeint, sondern eher als Selbstbeschreibung einer durch gemeinsame Überzeugungen verbundenen Elite. „Jugend hängt von seinem Mute zu sich selbst ab. Jugend ist ein Entschluss." (Moeller van den Bruck; zit. nach Trommler 1985: 15; Fn. 2) Im Zentrum diverser Alternativbewegungen stehen darum der Rückzug aus der Großstadt und die Rückbesinnung auf Gemeinschaft. „Es geht eine Bewegung nach Verinnerlichung durch unser deutsches Geistesleben hindurch, man hat den lockenden Becher, den die Moderne geboten, bis zum Grunde geleert und ist nun auf den bitteren Bodensatz gestoßen. Die Besten unseres Volkes beginnen die Gefahr zu ahnen, welche ein weiteres Fortschreiten auf der breiten Bahn des veräußerlichten Genußlebens unserem Vaterlande bringen wird und muß." So fasst der „Wandervogel – Zeitschrift des Bundes für Jugendwanderungen" im Jahr 1906 das Gefühl jener Zeit (zit. nach Mogge 1985: 183).

Die unterschiedlichen Spielarten der Jugendbewegung in den ersten Jahrzehnten des 20. Jahrhunderts waren Fluchtbewegungen aus kompliziert gewordenen Lebensverhältnissen, die als Ausdruck der Moderne verstanden wurden. Wir werden der Kritik an Genusssucht und Verweichlichung in der verschwörungsdenkerischen Textproduktion der Gegenwart wieder begegnen. Und da die

38 Zum Zusammenhang zwischen verstörendem technisch-sozialem Wandel und der Entstehung von Alternativbewegungen gibt es eine instruktive Skizze von Hans-Georg Soeffner (1991/2000). Die Frage, ob sich Querdenker etc. hier einordnen lassen, könnte nur auf Grundlage sorgfältiger Vergleiche beantwortet werden.

als bedrohlich wahrgenommenen Entwicklungen des Kapitalismus mit Großstadt assoziiert wurden, artikulierte sich ihre Kritik als Kritik am städtischen Leben.[39] Konsequenz ist die anti-zivilisatorisch motivierte „Abkehr von der Großstadt" (Janz 1985: 316) als dem Inbegriff von Genusssucht und Dekadenz; die Idealisierung des Landes, sei es als Ausflugsziel, sei es als Rückzugsort und als Basis neuer Lebensformen (Barlösius 1997; Wedemeyer-Kolwe 2004). Eng damit verbunden ist die Suche nach einfachen sozialen Verhältnissen: nach Gemeinschaft als konfliktfreier Form des Zusammenlebens und die Orientierung an einem „Höchsten", das Gelegenheiten zu Ergriffenheit vermittelt – wie immer unbestimmt dies auch sein mag (Janz 1985). „Die Jugendbewegung wuchs aus dem Protest gegen die Großstadt und Degenerationsideale, gegen Versnobtheit und Müdigkeitspathos. Und der Wald allein tut es nicht. Wenn sie eine Bewegung der Erneuerung und nicht bloß der Asphaltfeindschaft sein wollte, mußte sie eine Idee haben. Ihre Idee war: Los von der Zivilisation, empor zur Gemeinschaft." (Plessner 1924/1981: 35) Die Attitüde, „Gemeinschaft" als Gegenentwurf zu modernen sozialen Verhältnissen zu beschwören, hat sich bis in die Gegenwart durchgehalten (Vobruba 1994). Wir werden sehen, dass das Ideal der Gemeinschaft im Verschwörungsdenken einen prominenten Platz hat. Einfachdenken wird in eine einfache soziale Organisationsvorstellung umgesetzt, indem Gemeinschaft zum Gesellschaftsmodell stilisiert wird. „Das Idol dieses Zeitalters ist die Gemeinschaft" (Plessner 1924/1981).

Die Suche nach Ursprünglichkeit, Natürlichkeit und Gemeinschaft fand in gesteigerter Form als Leben auf dem Land, prominent etwa in der Monte-Verità-Bewegung statt (Borsano et al. 1979). Deren Sinnversprechen hatte international Anziehungskraft, fand aber in Deutschland und Österreich besondere Resonanz. Dafür gibt es gute Gründe (Plessner 1962/1982: 268 ff.). Gemeinschaftsanfällig waren in erster Linie jene Länder, in denen die traditionalen Verhältnisse länger intakt waren als in den weiter westlichen Gesellschaften. Diese konnten dank ihrer Revolutionen, durch die früher einsetzende industrielle Entwicklung, durch ihren aktiven Part in der damaligen Globalisierungswelle und ihren ökonomischen Erfolg die Irritationen leichter verkraften (Mommsen 1986). In Deutschland und Österreich dagegen wurde die industrielle Moderne importiert und brach über ei-

39 Der Großstadtkritik in den ersten Jahrzehnten des 20. Jahrhunderts gingen agrarpopulistische Bewegungen im 19. Jahrhundert voraus. Beispiel USA: „Sie formierten sich zunehmend seit 1867 gegen die politische Übermacht der Großstädte, die Monopole und Eisenbahngesellschaften, Banken und Trusts, Zwischenhändlerprofite sowie gegen die deflationistische Währungspolitik im Zeichen des seit 1873 dekretierten Goldstandards." (Puhle 1986: 16) Die populistische Bewegung der *narodniki* in Russland dagegen ging von land- und naturschwärmerischen städtischen Intellektuellen aus. Diese „Volkstümler wollten die Entwicklung noch weiter zurückdrehen und die archaischen Traditionen der alten Agrargesellschaft wiederherstellen, von der sie eine Art natürliche Harmonisierung der Interessen erwarteten." (ebd.: 20)

ne Alltagswelt herein, in der noch relativ stabile traditionale Verhältnisse herrschten.

Angesichts der Orientierungsprobleme, die systemische Komplexität im Alltag schafft, wird Gemeinschaft zur Erlösungsformel: „Maßlose Erkaltung der menschlichen Beziehungen durch maschinelle, geschäftliche, politische Abstraktionen bedingt maßlosen Gegenentwurf im Ideal einer glühenden, in allen ihren Trägern überquellenden Gemeinschaft. Der Rechenhaftigkeit, der brutalen Geschäftemacherei entspricht im Gegenbild die Seligkeit des besinnungslosen Sichverschenkens ..." (ebd.: 28). Ab den 20er Jahren des 20. Jahrhunderts hat dies zu einer Fülle an radikalen politischen Vereinfachungsversprechen geführt. Die Gemeinschaftsidee, mit der parlamentarischen Demokratie immer schon überkreuz, wurde autoritär okkupiert und erstarrte in NSDAP-Inszenierungen, wie jener am Reichsparteitag 1938 in Nürnberg: „Die HJ läuft in das vordere freie Mittelfeld, vor die Tribüne, und jetzt laufen aus dem Hintergrund weitere 800 Hitlerjungen vor und von beiden Seiten in die freigebliebenen Räume. *Die Front ist geschlossen. Die Gemeinschaft steht wie aus einem Guß.*" (zit. nach Schmitt-Sasse 1985: 130; Herv. i. O.)

Kritik der modernen Zeiten[40] war keineswegs den Rechten vorbehalten. Der damals populäre, liberale Reiseschriftsteller Richard Katz (1888–1968) liefert eine Kritik der Moderne als eine „Reise", die „nach innen führt: zur Erkenntnis unserer Zivilisation" (Katz 1934: 1). Seine Zivilisations- und Materialismuskritik richtet sich gegen den Lärm, die Dominanz der Maschinen, die Großstadt, den Gelderwerb als Selbstzweck, den „Zins und Zinseszins", den ökonomischen „Vergrößerungswahn" (ebd.: 277 f.), insgesamt gegen „Überzivilisation und Unterkultur" (ebd.: 143). Und er empfiehlt „jenen goldenen Schnitt zwischen Materialismus und Idealismus, ... in dem das Glück eines Volkes liegt." (ebd.: 61) Als Heimat all der Übel der industriellen Moderne sieht er die Vereinigten Staaten von Nordamerika. Ein Ausschlagen des Pendels in die andere Richtung sei am ehesten in Europa zu erwarten. Überraschend ist die Konsequenz, die Richard Katz zieht. Zwar geht seine Zivilisationskritik durchaus in die Richtung der Jugendbewegung. „Tief im Volksinstinkt erhitzt sich die Abwehr. Unter der lärmend und nutzlos bewegten Oberfläche unserer Zivilisation sammeln sich die Kräfte, die sie zerstören werden" (ebd.: 312) Aber Richard Katz meint das als Warnung vor denen, die sich zu jener Zeit des „Volksinstinkts" bemächtigten.

Der Idee der Selbstgenügsamkeit im Kleinen entsprach ökonomische Abschottung im Großen. Im Namen der Vereinfachung der Verhältnisse wurde wirtschaftliche Autarkie aufgewertet, und es kam zum dramatischen Rückgang der weltweiten Verflechtungen. Tatsächlich wurde der Globalisierungsgrad vor Beginn des Ersten Weltkriegs erst in den 70er Jahren des 20. Jahrhunderts wie-

40 Der Film „Modern Times" von Charlie Chaplin entstand in den Jahren 1933 bis 1936, also zur selben Zeit.

der erreicht (James 2005; Hirst, Thompson, Bromley 2009). Etwa seit jener Zeit nimmt die Ausbreitung und Dichte der sozialen Verhältnisse wieder deutlich zu, und die zunehmende Komplexität der Gesellschaft wird wieder allgemein spürbar. Weiträumige Abhängigkeiten durch transnationale Arbeitsteilung, Handelsverflechtungen, Lieferketten. Steigerung der kommunikativen Erreichbarkeit der Welt durch Verbilligung der Kommunikation und des Reisens. All das allerdings vor allem innerhalb der Triade EU – USA – Asien.

Alles in allem: Es kann hier offenbleiben, ob die vormoderne Gesellschaft ein weniger komplexes Phänomen war, oder ob sie sich nur aus der Moderne rückblickend so darstellt. Spätestens seit der Mitte des 19. Jahrhunderts zeichnete sich ab, dass das Alltagsdenken mit der zunehmenden sozialen Komplexität nicht Schritt halten konnte. So entstand „Sehnsucht nach Klarheit" (Giegler, Oberneder, Reinbacher 2020). Noch bis ins späte 18. Jahrhundert reichte der traditionale Erfahrungsschatz, um sich in der Umwelt zurechtzufinden. Was sich nicht einfach erklären ließ, konnte man der weltlichen Herrschaft und Gott in die Schuhe schieben. Aber mit der technisch-industriellen und der marktmäßig-kapitalistischen Umwälzung der Verhältnisse vor allem ab der Mitte des 19. Jahrhunderts ließ sich die Erfahrung nicht mehr abweisen, dass die alltagsrelevanten Zusammenhänge immer weiter reichten und immer dichter wurden. Und dass sie zu schwer verstehbaren und kaum verkraftbaren Ergebnissen für die eigenen Lebenslagen führten. Den gesamten säkularen Entwicklungsschub begleiten darum eine pessimistische Kritik der technischen und sozialen Neuerungen und das Lamento über den Verlust der Gemeinschaft. Der gemeinsame Nenner dieser Diskurse ist die Sehnsucht nach einfachen sozialen Verhältnissen. In der Zeit zwischen den beiden Weltkriegen war Denken und Handeln im Rahmen des Verschwörungsweltbildes wesentlich weiter verbreitet als in der Gegenwart. Zumindest für den kollektiven Westen gilt: Dem Abbau von Religion als Welterklärung folgt der Abbau ihrer billigen Substitute. Aber das sind Prozesse über Jahrhunderte.

Die unterschobene Verschwörung

Die zunehmende Dominanz von Märkten wird als Durchdringung des Alltags mit Geld erlebt und jenen schuldhaft zugerechnet, die in der Zirkulationssphäre tätig sind. Das ist die Denk-Grundlage, auf der sich als Reaktion auf die Globalisierungswelle im späten 19. und beginnenden 20. Jahrhundert (James 2005) gesellschaftliche Feindbilder entwickelten oder verstärkten: Antisemitismus, aggressiver Nationalismus (Holz 2001).

„Die Protokolle der Weisen von Zion" (Die Protokolle 1920/2021) sind ein in mehreren Schüben entstandener Text, in denen ein fiktiver Autor im Namen der phantasierten Oberhäupter einer jüdischen Weltverschwörung im Wesentlichen zweierlei erklärt: Erstens wird erläutert, in welcher Weise die sozialen Missstände der Zeit dem geheimen Wirken der Juden zuzurechnen sind. Und zweitens wird skizziert, wie der von dem Juden beherrschte Weltstaat nach der Machtübernahme aussehen wird. Die Erklärung der belastenden sozialen Verhältnisse folgt strikt der Logik des Einfachdenkens. Alles ist Ergebnis des Willens eines mächtigen Zentrums, von dem als „Wir" die Rede ist. Da es um eine den Juden angedichtete Verschwörung geht und da das gesamte Pamphlet darum aus der Perspektive der jüdischen Weltverschwörer verfasst ist, sind „Wir" in diesem Fall also die Bösen. In der gegenwärtigen Verschwörungspublizistik dagegen, in deren Zentrum das Aufdecken von Verschwörungen steht, sind „Wir" die Aufdecker, also die Guten. In den „Protokollen der Weisen von Zion" teilen die Verschwörer – eigentümlich offenherzig, da es doch um ein Geheimnis geht – der Welt mit:

„Denken Sie an den französischen Umsturz, dem wir den Namen des ‚großen' gegeben haben. Die Geheimnisse seiner Vorbereitung sind uns völlig bekannt, war er doch das Werk unserer Hände." (Die Protokolle 1920/2021: 42) „Wir" können einen Weltkrieg entfesseln (ebd.: 53) und Wirtschaftskrisen vom Zaun brechen: „Um die Nichtjuden zu schädigen, haben wir umfangreiche Stockungen (Krisen) im Wirtschaftsleben hervor gerufen." (ebd.: 99) Als ein Krisenmittel unter anderen werden „wir ... die Arbeiter veranlassen, erhöhte Lohnforderungen zu stellen. Die Bewilligung derselben wird ihnen aber keinerlei Vorteile bringen, da wir gleichzeitig die Preise der wichtigsten Lebensmittel und sonstigen Gegenstände des täglichen Bedarfs verteuern werden." (ebd.: 51). Alle existentielle Unsicherheit wird von „uns" verursacht (ebd.: 40). Denn „die Sorgen um das tägliche Brot zwingt die Nichtjuden, zu schweigen und unsere gehorsamen Diener zu sein. Aus ihrer Zahl suchen wir uns für unsere Presse die geeigneten Leute aus." (ebd.: 74) Die Presse spielt in dem, einer imaginären Zentrale des Judentums angedichteten „Plan", eine entscheidende Rolle. „Durch die Presse kamen wir zu Einfluß und blieben doch selbst im Schatten; dank ihr haben wir Berge von Gold in unsere Hände gebracht, ohne uns darum zu kümmern, daß wir es aus Strömen von Blut und Tränen schöpfen mußten." (ebd.: 38) Und schließlich wird in vielen Auflagen des Textes öffentlich mitgeteilt, dass vor dem Ergreifen der „Weltherrschaft" alles im Geheimen stattfindet: „Damit die Nichtjuden den wahren Stand der Dinge nicht vor der Zeit erkennen, werden wir ihn sorgfältig verschleiern." (ebd.: 52)[41]

---

41 In einem ähnlichen ductus gehalten ist ein aktueller Text: „Die große Illusion: Ehemalige FBI-Chef bestätigt, dass die Illuminaten die Weltherrschaft anstreben und alle Ebenen der Gesellschaft infiltriert haben." Uncut news 7. 9. 2023. https://uncutnews.ch/die-grosse-illusion-ehemalige-fbi-chef-bestaetigt-dass-die-illuminaten-die-weltherrschaft-anstreben-und-alle-ebenen-der-gesellschaft-infiltriert-haben/
Daraus: „Wir werden ihr Leben kurz und ihren Geist schwach halten ...."; „Wenn sie ein Kind gebären, werden wir ihnen Gifte ins Blut spritzen und sie davon überzeugen, dass es ihnen hilft."; „Wir werden ihre Regierungen errichten und in ihnen Gegensätze schaffen. Wir werden beide

Ziel ist „die Weltherrschaft" (z. B. ebd.: 49) mit dem „König der Juden" (ebd.: 94) und dem Machtzentrum namens „Wir" an der Spitze.[42] Der Entwurf zur Zukunftsherrschaft bleibt strikt in der Logik des Einfachdenkens. Hinter allem steht eine entsprechende Intention: „Wir" werden „alle diejenigen Mißstände beseitigen, die wir selbst absichtlich unter den Nichtjuden großgezogen haben." (ebd.: 92; vgl. 103) Die Vorstellung eines Herrschaftszentrums, die sich aus der Logik des Einfachdenkens ergibt, wird sehr anschaulich ausbuchstabiert: „Damit unser Weltherrscher sich die Herzen und Sinne der Jugend und des ganzen Volkes erobert, müssen wir in den Schulen und auf den Plätzen eine rege Werbetätigkeit für ihn entfalten: ist er selbst verhindert, zu sprechen, so müssen wir umso eifriger von seiner Bedeutung, seiner unermüdlichen Arbeit, seinen Wohltaten sprechen." (ebd.: 88.) Ebenso hat der „Weltherrscher" bei seinen öffentlichen Auftritten Bittschriften aus dem Volk möglichst persönlich entgegenzunehmen (ebd.: 94).

Insgesamt handelt es sich um einen extrem unplausiblen, einfältigen und streckenweise inkonsistenten Text. Umso bemerkenswerter ist seine Verbreitung. Es ging langsam los. „Die verschiedenen Publikationen der russischen Protokolle im Jahrzehnt vor dem Ersten Weltkrieg blieben zunächst ohne große Wirkung. Erst nach dem mehrfachen Schock der bolschewistischen Revolution und der Niederlage Deutschlands und Österreich-Ungarns im Ersten Weltkrieg wurden sie plötzlich aktuell." (Sammons 2021: 18) Die deutschsprachige Version des Textes, die der kommentierten Fassung der Protokolle (1920/2021) zugrunde liegt, erschien bis 1933 in 33 Auflagen. „1929 verschaffte sich die NSDAP die Rechte an dem Buch. Eine weniger aufwendige Ausgabe erreichte 1938 22 Auflagen." (ebd.: 21) In den USA erschien eine Version von Mai bis Oktober 1920 in der Zeitung „Dearborn Independent" (Besitzer Henry Ford) in einer Auflage von 3.000.000 Exemplaren und ein Jahr später als Buch, von dem eine halbe Million Exemplare verkauft wurden (ebd.: 19). Parallel dazu erfolgte seine „Verbreitung in fast alle Kultursprachen der Welt." (ebd.: 20) Die Wirkung der „Protokolle" reicht bis in die Gegenwart (Benz 2007).

Es zeichnen sich hier die Kernelemente des Verschwörungsdenkens ab: Es gibt eine Wirklichkeit hinter den Erscheinungen. Die Frage nach Ursachen hinter den Erscheinungen – also: das Hinterfragen – führt zu einem Handlungszentrum, das die Gesellschaft lenkt. Sein Antrieb ist grenzenloses Machtstreben und Gier. Es wird strikt zwischen Bösen und Guten unterschieden; Chaos ist

---

Seiten besitzen."; „Wir werden weiterhin von ihren Kriegen und ihrem Tod profitieren."; „Wir werden unsere Medien nutzen, um den Informationsfluss und die Stimmung zu unseren Gunsten zu lenken."; „Wenn unser Ziel erreicht ist, wird eine neue Ära der Herrschaft beginnen." etc. etc.

42 Das Verhältnis zwischen dem „König" und dem „Wir" bleibt in dem Text uneindeutig. Mal ist der „König" der Erfüllungsgehilfe von „Wir", mal sind „Wir" seine Zuarbeiter. Da diese Unstimmigkeit für die Logik der Konstruktion unwichtig ist, wurde sie wohl nicht bemerkt. Wie zahlreiche andere Unstimmigkeiten im Text auch.

Strategie; die Medien haben umfassende Manipulationsmacht. Und über den Widerspruch, dass all das öffentlich zugänglich und zugleich streng geheim ist, hilft Nonchalance hinweg. Dass sich dieselben Merkmale im gegenwärtigen Verschwörungsdenken wiederfinden, kann nicht anders sein. Denn die Logik, die das Verschwörungsweltbild dominiert, legt es auf eine Struktur fest und erlaubt nur wenige Variationen. Allerdings ist die gegenwärtige Verschwörungspublizistik in der Regel nicht explizit antisemitisch, auch wenn sie dem Antisemitismus ausreichend Anknüpfungspunkte bietet. Das wird sich noch zeigen.

IV Das Verschwörungsweltbild und seine Supermächtigen

Verursacher statt Ursachen

Das zentrale Merkmal des Verschwörungsweltbilds ist, dass alle erklärungsbedürftigen Phänomene auf einen sie verursachenden Akteur oder eine Akteursgruppe zurückgeführt werden. „Eine gesellschaftliche Katastrophe passiert nicht zufällig. Immer lassen sich Ursachen ausfindig machen. Und verfolgt man eine Kausalkette bis an ihren Anfang, kommt man bei einer Person oder Personen an."[43] Man muss präzise unterscheiden: Es geht nicht um eine handlungstheoretische Fundierung der Gesellschaftstheorie in dem Sinn, dass Handeln, über welche Aggregations- und Transformationsprozesse auch immer, in gesellschaftlicher Entwicklung resultiert. Vielmehr stellt das Verschwörungsdenken einen direkten und eindeutigen Zusammenhang zwischen handlungsleitender Intention und gesellschaftlichem Resultat her. Man kann also sagen, dass es für das Verschwörungsdenken keine Collective-action-Phänomene bzw. keine systemischen Eigendynamiken gibt – je nachdem, welche Sprache man bevorzugt. Es liegt im Wesen der obersten Macht, dass sie im Verborgenen agiert. Darum gilt im Verschwörungsweltbild die Faustregel: „nichts ist, wie es scheint" (Butter 2015). Daraus ergibt sich in der Tat eine gewisse Verwandtschaft mit dem Kriminalroman (Boltanski 2015). Aber im Kriminalroman ist es ein Verdacht, im Verschwörungsweltbild dagegen Gewissheit. Der Detektiv erforscht die Realität und sucht die Missetäter; der Verschwörungsgläubige blickt nach oben und findet die Supermächtigen.

Die Logik des Verschwörungsweltbildes schlägt sich in Bildern nieder, die die Lenkung der Gesellschaft durch ein mächtiges Zentrum anschaulich machen sollen. Solche Bilder zeigen Abhängigkeits-, Manipulations- und Lenkungshierarchien. Meist sind es Figuren, die an Fäden hängen, die wiederum von einer überdimensionierten Hand gezogen werden. Man sieht die Fäden und jene, die daran hängen. Manchmal besteht das Bild aus mehreren Etagen, aus Gesteuerten, aus Gesteuerten, die steuern, und aus einer steuernden Hand ganz oben. Man sieht die Hände, die Fäden ziehen. Aber man sieht nie die oberste steuernde Gestalt als Ganze. Die absolute Spitze bleibt verborgen, aber es *muss* sie geben. Mit der absolutistischen Struktur des Verschwörungsdenkens nicht ganz so leicht vereinbar ist die Vorstellung, das wahre Geschehen finde hinter den Kulissen statt. „Die We-

43 Marco P. Schott, Die Gedankenmatrix expandiert. Rubikon 3. 9. 2022. https://www.manova.news/artikel/die-gedankenmatrix-expandiert

nigsten bekommen mit, was hinter den Kulissen passiert."[44] Auch in diesem Bild bleiben die wahren Verursacher unsichtbar, agieren aber auf der gleichen Ebene. Das passt nicht ganz.

Mit anderen Worten: Verschwörungsweltbilder werden von Einfachdenken dominiert. Alles, was der Fall ist, lässt sich auf ein Handlungszentrum zurückführen. Missstände, Krisen, Pandemien haben Verursacher, die es so gewollt haben. Ihnen werden alle (eingebildeten) Missstände zugerechnet: „Eine Klasse selbsternannter Weltherrscher zwingt uns ihre Vorstellungen einfach auf."[45] Das Handlungszentrum agiert prinzipiell egoistisch. Da es die Gesellschaft umfassend gestaltet, gilt im Verschwörungsweltbild als Basisregel: Die Antworten auf die Frage „cui bono?" schlüsseln die Wirklichkeit auf.[46] Die Rolle dieses Machtzentrums wird in der Verschwörungspublizistik unterschiedlich besetzt, aber es gibt einen Favoriten: „Bei der Gates-Bande handelt es sich um ein Konglomerat aus superreichen Oligarchen, die als Eigentümer der mächtigsten Finanzkonzerne ein weltweites Netzwerk aus institutionalisierten Nichtregierungsorganisationen (NGOs) aufgebaut haben, deren bekanntestes und einflussreichstes Glied das Weltwirtschaftsforum (WEF) mit seinem Strippenzieher und Global-Young-Leader-Ausbilder Klaus Schwab darstellt."[47]

Die Supermächtigen

Aus der handlungslogischen Erklärung der Welt folgt, dass den entscheidenden Akteuren unbegrenzte Macht zugeschrieben wird. So entstehen die Supermächtigen. Sie üben ihre Macht entweder direkt aus, oder vermittelt über mehrere Herrschaftsstufen. Das können transnationale Konzerne, Staaten, NGOs sein, deren Personal gekauft ist. Oft tritt die Vorstellung auf, dass sich die Supermächtigen diverser transnationaler Organisationen bedienen, die sie völlig unter Kontrolle haben: „Dabei können die Monopolisten der Gegenwart auf Netzwerke wie das von ihnen dominierte WEF, die G7- und G20-Treffen oder die von ihnen gekaperte Weltgesundheitsorganisation WHO zugreifen."[48] Im Zuge der Covid-Pandemie und danach wurde die WHO in der Verschwörungspublizistik prominent

---

44 Michael Wolff, Der Krieg ist vorbei. Wir haben gewonnen. apolut, 11. 3. 2023. https://apolut.net/der-krieg-ist-vorbei-wir-haben-gewonnen-von-michael-wolf/

45 Felix Feistel, Die große Erzählung. Rubikon 5. 11. 2021. https://www.manova.news/artikel/die-grosse-erzahlung

46 Zum Beispiel: Hermann Ploppa, Gewollte Hysterie. Rubikon 7. 3. 2020. https://www.manova.news/artikel/gewollte-hysterie

47 Lothar Obrecht, Die Zeit ist reif. Rubikon 21. 1. 2022 https://www.manova.news/artikel/die-zeit-ist-reif

48 Ulrich Falke, Der Wiederholungszwang. Rubikon 2. 9. 2021. https://www.manova.news/artikel/der-wiederholungszwang-2

und entweder zum Instrument der Weltherrschaft gemacht oder selbst zur drohenden weltbeherrschenden Instanz.

Als Weltherrschaft kommen aber ebenso die Vereinten Nationen (UN) als „die seit jeher als Verschwörungstheorie verfemte Weltregierung“[49] in Frage. Wer oder was an der Weltspitze steht, ist für die Operationsweise des Verschwörungsweltbildes nicht zentral. Entscheidend ist, dass es irgendeine Spitze gibt, auf deren Intentionen sich der Zustand der Gesellschaft zurückführen lässt.

Erwähnenswert ist an dieser Stelle, dass die Europäische Union in der Verschwörungspublizistik relativ selten zum Thema wird. Das ist erstaunlich. Als supranationale Organisation, die sich noch dazu rasch entwickelt, in den Alltag der Leute spürbar eingreift und für viele eher undurchsichtig ist, müssten sich die Institutionen der EU gut dazu eignen, als Instrumente der Herrschaftsbestrebungen der Supermächtigen angesehen zu werden, als Instanz zwischen Weltherrschaft und bedrängten Nationalstaaten. Es finden sich aber nur vereinzelt Ausfälligkeiten, Hass auf „die da oben“ und Misogynie kombiniert, gegen die Kommissionspräsidentin Ursula von der Leyen. Dazu kommen einige Bemerkungen, mit denen die Europäische Union als Vasall der USA und generell als abzulehnendes Gegenmodell zu staatlicher Souveränität stilisiert wird.

Die Macht zeigt sich prinzipiell auf dreierlei Weise. Erstens gibt es Personifizierungen der Macht. „Das WEF ist ein Netzwerk der Superreichen, das mit unzähligen Tentakeln Dutzende Regierungen unterwandert hat, um dort seinen Einfluss geltend zu machen“.[50] Die Bill und Melinda Gates Stiftung, die Weltbank, Rockefeller, die „Ostküste“, die „Davos-Clique“ des World Economic Forum mit Klaus Schwab etc. In manchen, neuerdings selteneren Versionen findet man weitere Verweise auf Freimaurer, Bilderberger, die Trilateral Commission bis hin zu Luzifer. Generell ist davon auszugehen, dass in die oberste Machtposition Namen eingesetzt werden, die allgemein bekannt sind, mehr oder weniger qualifizierte Regenbogen-Prominenz. Das ergibt sich schon daraus, dass in der Verschwörungspublizistik viel interpretiert, aber wenig recherchiert wird. Sie ist darum von den „Mainstream-Medien“ viel abhängiger, als sie es sich selbst klarmacht. Ein krasses Beispiel: Der Themenkonjunktur in der Regenbogenpresse folgend wurden das britische Königshaus und König Charles III. anlässlich seiner Krönung als relevante Player im Kreis der Superreichen und -mächtigen entdeckt. „Er und seine Kollaborateure aus der herrschenden Klasse tarnen ihre heimtückische Agenda als Philanthropen, die nur Gutes tun und den Naturschutz zur neuen Religion aus der Taufe gehoben haben. Diese Illusion wird von der Mehr-

---

49 Tom-Oliver Regenauer, Undemokratische Übernahme. Manova 15. 7. 2023. https://www.manova.news/artikel/undemokratische-ubernahme

50 Peter Frey, Die Krisenprofiteure. Rubikon 27. 7. 2022. https://www.manova.news/artikel/die-krisenprofiteure

heit der Menschen nicht erkannt."[51] Die Familie Rothschild dagegen fungiert als absoluter Bezugspunkt für die Erklärung allen Weltgeschehens konstanter, wenn auch etwas seltener als etwa Bill Gates oder die WHO. Aber die Disposition des Verschwörungsdenkens zum Antisemitismus bricht, wie sich noch zeigen wird, immer wieder durch. Welche Organisation, Person oder Personengruppe in diese Position als supermächtig eingesetzt wird, ist relativ beliebig. Die Namen der Supermächtigen müssen den Leuten bekannt und ihre Ressourcenausstattung muss einigermaßen plausibel sein. Als Kontrast: Es ist etwas ganz Anderes, nachzuweisen, dass die Lebensweise von extrem Reichen einen verheerenden ökologischen Fußabdruck hinterlässt (Neckel 2023). Denn dabei handelt es sich um eine empirische Frage. Dagegen verursachen die Supermächtigen in der Logik des Verschwörungsweltbildes alles und sind an allem schuld.

Denkt man Gesellschaft mit einer Spitze, die mit unbeschränkter Macht ausgestattet ist, hat das zur Konsequenz, dass man prinzipiell alles als von dieser Spitze, den Supermächtigen, arrangiert ansehen muss. Daraus können sich Konstellationen prekärer Selbstreferentialität ergeben. „So dient", heißt es in Ausführungen zur unmittelbar bevorstehenden Weltherrschaft der UN, „dank ausgefeilten Social Engineerings, nahezu jede gesellschaftliche Strömung, jede Disruption und jede Emotionsamplitude der neofeudalistischen Transformationsagenda einer transatlantischen Plutokratie. Auch der Widerstand."[52] – „nahezu jede"? Wieso nicht „jede"? Und: Haben die Supermächtigen auch den Widerstand, zu dem die Verschwörungspublizistik aufruft, in ihren Plan eingebaut? Erkennbar scheut der Autor die Konsequenz, die sein Weltbild diktiert. Wir werden diesem Problem im Kapitel über Gesellschaftskritik wieder begegnen.

Das Verschwörungsweltbild leitet nicht dazu an, hinter diese oder jene Verschwörung zu kommen, vielmehr wird es von einer Logik beherrscht, die alles nach dem Muster von Verschwörung erklärt. Genau darum ist das Problem, „eine klare Trennlinie zu ziehen, die die ‚wahren Komplotte' auf der einen von den ‚imaginären Komplotten' auf der anderen Seite zu unterscheiden erlaubt" (Boltanski 2015: 357)[53], leichter zu lösen, als Luc Boltanski glaubt. Im einen Fall geht es darum, eine widerlegbare Vermutung empirisch zu testen. Im anderen Fall diktiert die Logik des Verschwörungsweltbildes das Ergebnis. Im einen Fall ist eine Hypo-

---

51 Birgit Naujeck, Es lebe der König! Teil 2/2. Manova 9. 5. 2023. https://www.manova.news/artikel/es-lebe-der-konig-2

52 Tom-Oliver Regenauer, Undemokratische Übernahme. Manova 15. 7. 2023. https://www.manova.news/artikel/undemokratische-ubernahme

53 Mit dieser Differenz spielt der Satz: „Dass du paranoid bist, heißt nicht, dass sie nicht trotzdem hinter dir her sind" in dem Film „Die Killer-Elite" (2011; Regie Gary McKendry). Als mögliche Urheber dieses Satzes nennt Wikipedia Joseph Heller und Henry Kissinger. (https://de.wikipedia.org/wiki/Killer_Elite)

these gemeint, im anderen Fall eine Weltanschauung.[54] Damit erübrigt sich auch der Vorwurf der Anhänger von Verschwörungsweltbildern, ihre Kritiker würden die Existenz von Verschwörungen prinzipiell bestreiten. Im Verschwörungsweltbild hängt alles am Handlungszentrum an der Spitze der Gesellschaft. Zwar wird auf diese Weise die unüberschaubare Vielfalt der undurchsichtigen Zusammenhänge, die die Leute bedrängen, in eine einfache Ordnung gebracht. Aber eine Verschwörung deckt man dabei nur zufällig auf.

Macht

Die einfache Aufteilung der Welt in *Sie* und *Wir*, in die einen, die alles bewirken, und die anderen, denen alles angetan wird, erzwingt die Subjektivierung von Macht. Macht wird in der Verschwörungspublizistik entweder als die Grundausstattung der Supermächtigen oder als eigenständiger Akteur behandelt. Entweder ist das Machtstreben eine Motivation der Supermächtigen, die sich von selbst versteht und um seiner selbst willen stattfindet: „Es tobt ein ewiger Kampf zwischen den Freiheitsbemühungen der Menschen, die eine Erweiterung ihrer Ausdrucks- und Betätigungsmöglichkeiten anstreben, und den Versuchen der Macht, diese einzuschränken. Die eine Seite will Optionen vermehren, die andere ihre Zahl vermindern; die einen wollen neue Spielräume hinzugewinnen, die anderen diese einengen."[55] Oder die „Macht" wird als eigenständiger Akteur eingeführt: „Macht strebt beständig danach, die Freiheit zu begrenzen und schließlich abzuschaffen."[56] Beide Versionen erfüllen im Verschwörungsweltbild dieselbe Aufgabe: Sie schreiben dem absoluten Bezugspunkt die Potenz und Motivlage zu, die für das Erklären der Welt erforderlich sind. In der handlungstheoretischen Logik des Einfachdenkens ist der Unterschied zwischen „Mächtigen" und „Macht" zu vernachlässigen.

In Foucaults Kritik der Gegenwartsgesellschaft genügte lange Zeit die Macht als Bedingung ihrer Wirksamkeit sich selbst. Foucault sieht zwar durchaus die äußeren Machtinstanzen, die über Jahrhunderte Disziplinierungsarbeit leisteten. Mit der Zeit aber übernimmt der Machtunterworfene „die Zwangsmittel der Macht und spielt sie gegen sich selbst aus; er internalisiert das Machtverhält-

---

54 Der Begriff „Verschwörungstheorie" verwischt diesen entscheidenden Unterschied und sollte schon deshalb fallengelassen werden. Mit dem Verschwimmen dieser Unterscheidung hängt auch zusammen, dass sich Querdenker nicht entscheiden können, den Vorwurf zurückzuweisen, ihre Erzählungen seien „Verschwörungstheorie", oder festzuhalten, dass diese oder jene Verschwörungstheorie „leider" wahr sei.

55 Roland Rottenfußer, Die verratene Geliebte. Rubikon 22. 3. 2023. https://www.manova.news/artikel/die-verratene-geliebte

56 Felix Feistel, Verschmähte Freiheit. Manova 5. 5. 2023. https://www.manova.news/artikel/verschmahte-freiheit

nis, in welchem er gleichzeitig beide Rollen spielt; er wird zum Prinzip seiner eigenen Unterwerfung." (Foucault 1975/2021: 260) Indem Macht in die Machtunterworfenen inkorporiert wird, wird sie zur Begründung ihrer selbst. Ergebnis ist ein Zustand, in dem die Macht, die uns „dermaßen regierbar" macht (Foucault 1992), den Regierten dermaßen in die Knochen fährt und von innen wirkt, dass es sich erübrigt, noch extra nach Gründen der Resonanzfähigkeit der Subjekte für Machtausübung zu fragen. „Der menschliche Körper geht in eine Machtmaschinerie ein, die ihn durchdringt, zergliedert und wieder zusammensetzt." (Foucault 1975/2021: 176; genauso Foucault 2010: 34) Zumindest in einer langen Werk-Phase von Foucault gehen Macht und Machtunterworfene ausweglos in eins. Erst relativ spät führt er als Komplementärkonstrukt zu Macht die Freiheit des individuellen Willens ein. Um ihn freizulegen, musste Foucault allerdings einiges an Theoriearbeit investieren. Foucault verschiebt seine Perspektive mit der ebenso einfachen wie treffenden Überlegung, dass die Ausübung von Macht einen gewissen Spielraum für kontingentes Handeln auf der Seite der Adressaten von Macht voraussetzt. Wäre ihr Handeln determiniert, wäre Machtausübung weder erforderlich noch möglich. Erst dadurch schafft Foucault Platz für die Eigensinnigkeit der Leute und für die Möglichkeit von Widerstand (Bröckling 2010: 420). Foucault konzentriert seine Gesellschaftskritik als Machtkritik auf die Bedingung der Denkmöglichkeit von Machtausübung, das Verschwörungsdenken dagegen auf die Frage, worauf die Empfänglichkeit für Machtausübung beruht.

Auch im Verschwörungsweltbild findet sich die Vorstellung einer alles durchdringenden Macht: „In der totalitärsten Form der Machtausübung sickert sie dabei so tief in jede Faser des menschlichen Bewusstseins ein, dass sie zu einem Automatismus wird und ihre Erzählungen gedanklich zu transzendieren nicht mehr möglich ist."[57] Nun liegt die Frage auf der Hand, wie der Autor zu dieser Einsicht kommt; mit anderen Worten: wieso die Macht ausgerechnet in sein Bewusstsein nicht eingesickert ist und diese Einsicht blockiert hat. Es zeichnet sich ein angesichts der kritischen Attitüde des Verschwörungsdenkens paradoxer Effekt ab: Im Rahmen des Verschwörungsweltbildes ist die Gewinnung kritischer Distanz zu den sozialen Verhältnissen nur um den Preis einer logischen Inkonsistenz möglich. Diese Inkonsistenz schafft den Raum, um den Machtunterworfenen ihre Unterlegenheit vorwerfen zu können. Denn die Supermächtigen bestimmen zwar alles, aber man macht doch irgendwie aus freien Stücken mit. Aus Bequemlichkeit und Angst. Auch wenn im Verschwörungsweltbild Machtausstattung und Machtstreben alles erklären, trifft die Unterworfenen dennoch ein gewisses Maß an Mitschuld, da sie sich gerne unterwerfen. „Eine Mischung aus Bequemlichkeit und immer wieder bewusst geschürter Angst führt letztlich dazu, dass die Menschen

57 Ebd.

überhaupt nicht mehr nach Freiheit streben. Schon an Freiheit zu denken, wagen immer weniger Menschen."[58] Und die Angst? Für oder gegen Angst können *Wir* uns entscheiden. „Alles, was wir tun müssen, ist, es zu glauben und zu erkennen, dass das Einzige, was ihnen die Macht gibt, ihren Willen durchzusetzen, unsere Angst ist. Solange wir uns für die Angst entscheiden und von unserer Regierung verlangen, dass sie für unsere Sicherheit sorgt, haben sie jede Chance zu gewinnen."[59] Also lieber keine Angst haben? Der Mainstream der Verschwörungspublizistik empfiehlt eher, Angst durch Angst zu ersetzen.

Angst

Das Komplementärkonstrukt zur Macht ist Angst. Angst ist jene psychische Verfassung, die für Machtausübung erst empfänglich macht. *Sie*, die Mächtigen, machen *Uns* Angst, um uns regieren zu können. Macht und Angst sind intensiv aufeinander bezogen. Macht erzeugt Angst; und Angst macht Machtausübung erst möglich. Der Zusammenhang zwischen Macht und Angst im Verschwörungsweltbild wird deutlich, wenn man ihn mit Foucaults Behandlung von Macht kontrastiert.

Es ist also die Angst. Angst erfüllt im Verschwörungsweltbild mehrere Funktionen. Angst ist eine Disposition, die nicht weiter begründungsbedürftig ist. Angst hat man eben. Handeln oder Unterlassen aus Angst muss darum nicht extra gerechtfertigt werden. Diese Entlastung angstgesteuerten Handelns wird noch dadurch befestigt, dass uns die Angst ja von den Supermächtigen auferlegt, zugefügt wird. Und schließlich bietet das Konstrukt Angst Anschlussmöglichkeiten für mehrere Verharmlosungsdiskurse. Denn die verschwörungsdenkerischen Versuche, *Uns* die Angst zu nehmen, laufen darauf hinaus, die Anlässe für Angst als fake zu entlarven, also mehr oder weniger zu leugnen: Die Corona-Pandemie macht Angst, Angst dient den Mächtigen als Manipulationsinstrument, also ist die angstmachende Pandemie (holprig sarkastisch „Plandemie" oder „P(l)andemie" genannt) von ihnen inszeniert. Es gibt sie in Wirklichkeit nicht. Und sobald sich das Angstpotential der einen Pandemie verbraucht hat, wird die nächste entwickelt. „Vogelgrippe-Angst-Narrative werden lauter ... Wenn man bedenkt, dass die globale Biosicherheit eine der Haupttaktiken ist, um eine totalitäre Eine-Welt-Regierung einzuführen, ist es klar, dass weitere Pandemien in unserer Zukunft liegen, und eine waffenfähige Vogelgrippe scheint wahrscheinlich. In der

58 Ebd.

59 Das Pandemie-Planungsraster. Uncut news 23. 8. 2023. https://uncutnews.ch/das-pandemie-planungsraster/ Der Artikel endet mit Empfehlungen für „immunstärkende Ergänzungsnahrungsmittel". Im englischen Original wird als Autor genannt: Dr. Joseph Mercola. Wikipedia: „He markets largely unproven dietary supplements and medical devices."

Vergangenheit stellte die natürliche Vogelgrippe (H5N1) nie eine Bedrohung für die Menschheit dar, aber Wissenschaftler haben einen Hybriden mit Pandemiepotenzial für den Menschen geschaffen."[60] Ebenso die Klimakrise. „Die globale Wettermanipulation, von den dressierten Meteorologen, gekauften ‚Spezialisten' und gleichgeschalteten Medien kurzerhand zu einem ‚Klimawandel' umfirmiert, hat die Bewohner der Erde in eine Synthese katapultiert, einem manipuliertem Leben in einem technisch gesteuerten Habitat. Nichts daran ist mehr echt, natürlich. Diese Synthese gaukelt eine ‚Klimakrise' vor, welche durch Frequenzen und elektromagnetische Einflüsse in Echtzeit simuliert wird, jedoch mit dem selbstregulierenden ‚System Erde' nichts zu tun hat."[61] Das ist der Grund für die enge Verbindung des Verschwörungsdenkens zu diversen Organisationen, die den Klimawandel relativieren. Zum Beispiel ein „Europäisches Institut für Klima und Energie, EIKE". Es begrüßt die Besucherin der Homepage mit dem Satz: „Nicht das Klima ist bedroht, sondern unsere Freiheit!"[62]. Oder die „CO2 Coalition". Sie sieht sich als „the nation's leading organization providing facts, resources and information about the vital role carbon dioxide plays in our environment."[63] In allen Fällen geht es darum, die unbedarften Leute darüber aufzuklären, dass sich die Angst, die sie haben, auf Sachverhalte bezieht, die von den Mächtigen und ihren Handlangern geschaffen oder erfunden werden, weil die Angst die Leute für Machtausübung erst empfänglich macht.

Andererseits besteht ein erheblicher Teil der Verschwörungspublizistik selbst in Versuchen, den Leuten Angst zu machen. „Denn hinter der Krisen-Matrix unserer Tage lauert eine Gefahr, die uns wirklich Angst machen sollte." Und zwar eine Gefahr, die schlimmer ist „als jede Pandemie und jeder Atomkrieg". Und zwar: „Ein Tsunami der Zerstörung, den das Dauerbeben eines ungezügelten Kapitalismus ausgelöst hat, schickt sich an, alles aus dem Gleichgewicht zu reißen, was die menschliche Gemeinschaft seit jeher zusammenhält: das filigrane ökologische Netzwerk ebenso wie die sozialen Strukturen unserer globalen Zivilgesellschaft." Als Ausweg aus der Angst wird hier Esoterik empfohlen. „Machen wir uns immer wieder klar, dass wir hier nur zu Gast sind, dass es Millionen von Parallelwelten auf diesem Globus gibt, sowohl in der Tier-, als auch in der Pflanzenwelt. ... Öffnen wir unsere Herzen für das Mysterium der Schöpfung, von denen die Betreiber des

60 Vogelgrippe-Angst-Narrative werden lauter – Hat die neue Vogelgrippe das Potential für eine Pandemie? Uncut news 4. 4. 2023. https://uncutnews.ch/vogelgrippe-angst-narrative-werden-lauter-hat-die-neue-vogelgrippe-das-potenzial-fuer-eine-pandemie/

61 Capricornus, 2023 – Die Welt im Würgegriff des globalen Wetterterrors 24. 3. 2023. https://dudeweblog.wordpress.com/2023/03/24/2023-die-welt-im-wurgegriff-des-globalen-wetterterrors/

62 https://eike-klima-energie.eu/

63 https://co2coalition.org/

seelenlosen Killersystems nicht die geringste Ahnung haben."[64] Das Missverhältnis zwischen der beschworenen Gefahr und dem skizzierten Ausweg gibt Anlass zu der Vermutung, dass die Angst bleibt. Wovor auch immer.

Noch deutlicher wird im folgenden Beispiel der Versuch, Angst im Sinne des Verschwörungsweltbildes zu dirigieren. „Truth that should terrify life out of you" betitelt Dr. Vernon Coleman einen Beitrag auf seinem Blog. „Wahrheiten, die dich zu Tode erschrecken sollten"[65]. Eine schöne Doppeldeutigkeit: Es geht in der Tat darum, Angst zu machen – aber mit dem richtigen Angstobjekt. Nicht Angst vor Entwicklungen, vor denen etwa Politik und Presse warnen, sondern vor den Mächtigen, die hinter Politik und Presse stehen. Offizielle Warnungen zur Angstmacherei zu erklären, fällt vor allem in jenen Fällen leicht, in denen ein Problem sich erst entwickelt. Die Ausbreitung der Corona-Infektion war ideal dafür, insbesondere in der ersten Phase, mit gefährlicheren Virusvarianten, stark verunsicherter Bevölkerung und einer Politik, die unter großer Unsicherheit agieren musste (Kraemer 2022). Konstellationen dieser Art nützend wird versucht, Angst umzudirigieren. Von der Ansteckungsgefahr auf die Gesundheitspolitik: Hinter den Schutzmasken steht ein furchterregendes Disziplinierungsprogramm. Von der Erderwärmung auf die Ökologiepolitik: Aus ökologischen Gründen wird man allen, die sich neue Heizungen nicht leisten können, demnächst ihr Haus wegnehmen. Die Angstkommunikation im Rahmen des Verschwörungsweltbildes hat ein klares Ziel: Erzeugung von Angst vor den angeblichen Angstmachern. Die Standardformel für das Erzeugen von unbestimmter Angst lautet „Grund zur Sorge".[66]

Der Egoismus der Supermächtigen

Die handlungslogische Konstruktion des Verschwörungsweltbildes erfordert ein handelndes Zentrum am Beginn jeder Erklärung. Das wird in Entlarvungsgeschichten, die sich zugleich als Anleitungen zum Verschwörungsdenken verstehen, sehr klar gemacht.: „Am Anfang stehen nicht Strukturen oder ominöse Zwänge, sondern Menschen ..."[67]. Und diese Menschen werden mit prinzipiell unbeschränkten Machtressourcen gedacht. Wenn Verschwörungsdenker das

---

64 Dirk C. Fleck, Wie können wir uns dem Wahnsinn entziehen? 11. 4. 2023. apolut https://apolut.net/wie-koennen-wir-uns-dem-wahnsinn-entziehen/

65 Uncut news 5. 5. 2023. https://uncutnews.ch/wahrheiten-die-dich-zu-tode-erschrecken-sollten/

66 Assoc. Prof. Dr. Stephan Sander-Faes, Insekten als Lebensmittel? Mangelnde Datenbasis und Standards geben Grund zur Sorge. Tkp 28. 4. 2023. https://tkp.at/2023/04/28/insekten-als-lebensmittel-mangelnde-datenbasis-und-standards-geben-grund-zur-sorge/

67 Michael Meyen, Wir brauchen Freiheit! Rubikon 1. 4. 2023. https://www.manova.news/artikel/wir-brauchen-freiheit

„dramatische Fehlverhalten" der Mächtigen erklären wollen, fehlt allerdings – genau genommen – ein „Glied in der Kette". Warum wird die Macht von den Supermächtigen so hemmungslos und zum Schaden von *Uns* ausgeübt?

Luxus

Argumentationen, die die Machenschaften der „Supermächtigen" auf Annahmen über deren konkrete Interessen zurückführen, sind relativ selten. Mal geht es den Supermächtigen schlicht um ihre Luxusleben: „Ganz in der Tradition von Bösewichten wie Ernst Stavro Blofeld wollen die Verschwörer die Weltherrschaft an sich reißen. Es geht nur um Macht und Geld. Sie möchten das gesamte verbliebene Öl für sich selbst. Sie wissen, dass es zur Neige geht, und sie wollen ihre obszönen Superjachten in Bewegung halten. Sie wollen auch genügend Treibstoff für Flugzeuge und für die Bombardierung von Ausländern."[68] Im Zusammenhang mit Schilderungen des Reichtums und des Luxuslebens der Supermächtigen fällt auf, dass damit allenfalls ein Impuls des Wegnehmens verknüpft wird, dass aber nie sozialpolitische Forderungen artikuliert werden. Hier zeichnet sich ab, dass die handlungstheoretische Konstruktion des Verschwörungsweltbildes ein Aufmerksamkeitsdefizit für Bedeutung und Funktionsweise von Institutionen bedingt, das uns noch öfter begegnen wird.

Machtlust

Im Verschwörungsweltbild lautet die Antwort auf die Frage, warum die Supermächtigen Macht zulasten der Leute ausüben: Es ist „Machtlust". „Macht als Endzweck und als Eigeninteresse der Mächtigen. Wenn wir das als Grundlage nehmen, lässt sich einiges erklären."[69] Nicht nur „einiges"! Die Tautologie erklärt alles. Freilich werden ihre wahren Motive von den Mächtigen verdeckt: „Gerade unter den wirklich Mächtigen dieser Welt gibt es scheinbar ausschließlich solche, denen an Macht eigentlich gar nicht gelegen ist – jedenfalls wenn man ihren Selbstdarstellungen Glauben schenken will."[70] Ihre Freude an Machtausübung bleibt *Uns* – wie so vieles – verborgen.

---

68 Dr. Vernon Coleman, Was wird im Jahr 2023 passieren? Uncut news 4. 1. 2023. https://uncutnews.ch/dr-vernon-coleman-was-wird-im-jahr-2023-passieren/

69 Roland Rottenfußer, Machtlust. Rubikon 31. 3. 2023. https://www.manova.news/artikel/machtlust

70 Ebd.

Mit der Annahme, dass die Supermächtigen von „Machtlust“[71] geleitet sind, erübrigt sich jede weitere Begründung; sie ist also eine perfekte Letztbegründung, spiegelbildlich zu „Angst“. Die Reflexionsfähigkeit reicht bis zu der Einsicht in den begründungsstrategischen Stellenwert von „Machtlust“: „Was ich hier als Machtlust bezeichne, ist der ‚Missing Link‘, das fehlende Glied in der Kette möglicher Erklärungen für dramatisches Fehlverhalten. Das gilt individuell wie auch in großen historischen Dimensionen.“[72] Es stimmt: Da Antworten auf die Frage „Warum?“ im Verschwörungsweltbild durch Rekurs auf die Intentionen eines Handlungszentrum generiert werden, benötigt man tatsächlich die Annahme einer Lust an der Ausübung von Macht, um die Ausübung von Macht zu erklären. Die Reflexionsfähigkeit reicht aber nicht, um die Hinfälligkeit der Logik einzusehen, in der „Machtlust“ Erklärungskraft hat.

Bleibt noch eine Frage: Warum üben die Supermächtigen ihre Macht nicht im Interesse der Leute, sondern ausschließlich zu ihrem eigenen Vorteil aus? Zur Beantwortung dieser Frage muss man die spezielle Problemperspektive des Verschwörungsdenkens berücksichtigen. Zum einen erfordern Phänomene, die als unproblematisch erlebt werden, keine Erklärung, also keinen Rekurs auf die Supermächtigen. Weiter erlaubt die manichäische Sicht der Gesellschaft nicht, dass *Sie Uns* Gutes tun. „Wir haben Gegner, eisige Akteure, die an der Zerlegung der Welt arbeiten, um sie nach ihren Plänen neu zu errichten.“[73] Die Gesellschaft des Verschwörungsweltbildes ist ein Nullsummenspiel. Und schließlich – mit Blick auf die Machtlust – befriedigt Machtausübung wohl nur dann, wenn sie den Leuten schadet. Andernfalls würden die Supermächtigen ihre Macht vielleicht gar nicht merken. Also bestehtder Nutzen der Supermächtigen auch darin, *Uns* zu schaden.

Die Cui-bono-Frage ist in Verschwörungsweltbildern deshalb so prominent, weil in deren Logik bis zu einer Handlungsinstanz zurückgefragt werden muss, die als absoluter Anfang alles erklärbar macht. „Bei rätselhaften Ereignissen empfiehlt es sich immer, diese Frage zu stellen.“[74] Wenn man weiß, wem ein Sachverhalt nützt, weiß man auch, wer ihn verursacht hat. Erst wird vom Effekt auf die Intention zurückgeschlossen, und dann wird die Intention als Ursache des Effekts genommen. Die Logik des Einfachdenkens muss in diese Zirkularität führen.

71 Ebd.

72 Ebd.

73 Walter van Rossum, Die Fälschung der Welt. Manova 5. 10. 2023. https://www.manova.news/artikel/die-falschung-der-welt-2

74 Hermann Ploppa, Gewollte Hysterie. Rubikon 7. 3. 2020. https://www.manova.news/artikel/gewollte-hysterie

Der Plan

Die Spitze der Gesellschaft, die „Superreichen“, „Mächtigen“, haben einen Plan und können ihn durchsetzen. „Mit Sicherheit geht es heute darum, so etwas wie Global Governance, Weltherrschaft oder Weltregierung zu installieren.“[75] Alle Krisen und Katastrophen der letzten Jahre waren in diesem Plan vorgesehen. Man muss diese Krisen mit dem Plan in Beziehung setzen, um sie als inszeniert zu entlarven. Corona war ein von langer Hand vorbereitetes Projekt. Für das Verschwörungsdenken „ist klar: Dem gigantischen Komplott liegen jahre-, wenn nicht jahrzehntelange Vorbereitungen zugrunde.“[76] Auch „dieser menschengemachte politische Klimawandel ist kein Zufall, sondern das Ergebnis einer in Thinktanks ersonnenen Agenda, welche mittels Massenmedien seit Jahren konsequent umgesetzt wird.“[77] Längerfristiges Ziel der Supermächtigen ist eine „neue Weltordnung“ bzw. der „Great Reset“, wofür Corona als eine Art Disziplinierungsübung interpretiert wird. „The Great Reset“ ist ein Begriff, den Klaus Schwab, der Leiter des World Economic Forum in Davos mit zahlreichen Publikationen prominent gemacht hat. So, wie es nicht meine Aufgabe ist, auf Inhalte der Verschwörungspublizistik einzugehen, geht es hier auch nicht darum, die Great-Reset-Publikationen und ihre Rezeption durch die Verschwörungspublizistik kritisch zu würdigen. Stattdessen ist wichtig festzuhalten, dass Textstücke daraus in vielfältiger Weise als Belege für Weltverschwörungen verwendet werden. Was auch immer sonst damit gemeint sein mag – im Verschwörungsweltbild ist der „Great Reset“ eine vage beschriebene Dystopie, die von „ganz oben“ realisiert wird: Herrschaft des „Finanzkapitals“ mittels transnationaler Organisationen (wahlweise UNO, WHO etc.), immense Vermögenskonzentration und Abschaffung des Privateigentums für die überwiegende Mehrheit, Verschiebung der Realität ins „Metaverse“, Reduktion der Weltbevölkerung. In allen Details des Planes der Supermächtigen ist umfassende Kontrolle vorgesehen. In den dramatischsten Versionen des Plans der Supermächtigen, in diesem Zusammenhang auch „Transhumanisten“ genannt, geht es der Subjektivität an den Kragen. „Das Ideal der Transhumanisten ist der Cyborg – ein genetisch und technologisch modifiziertes Mischwesen, eine Art Kentaur aus Mensch und Maschine.“[78]

Der Plan der Supermächtigen für die Gestaltung der Gesellschaft ist die Folie, auf der alle Einzelereignisse als Indizien großer Trends interpretiert werden. So

75 Walter van Rossum, Die kommende Weltregierung. Manova 29. 7. 2023. https://www.manova.news/artikel/die-kommende-weltregierung-2

76 Ullrich Mies, Annette van Gessel, Gemeinsam stark. Rubikon 27. 8. 2022. https://www.manova.news/artikel/gemeinsam-stark

77 Kayvan Soufi-Siavash, Es war einmal in Deutschland. Manova 12. 8. 2023. https://www.manova.news/artikel/es-war-einmal-in-deutschland

78 Tom-Oliver Regenauer, Die Ideologie der Zeitenwende. Rubikon 11. 6. 2022. https://www.manova.news/artikel/die-ideologie-der-zeitenwende

wird der Abbau von einigen Bankautomaten zu einem Schritt in Richtung der generellen Abschaffung des Bargeldes; oder es wird das Betretungsverbot eines Naturparks in Israel im Hochsommer 2023 zum Beginn von „Klimalockdowns“[79]. Dagegen die Begründungen der zuständigen Institutionen von Fall zu Fall anzuführen, ist zwecklos, da diese dem Verschwörungsdenken vorgeschoben und Bestandteile des Plans der Supermächtigen sind. An jedem solcher Einzelfälle manifestiert sich die Operationsweise der Logik des Verschwörungsdenkens: Im Selbstverständnis des Verschwörungsdenkens wird der Einzelfall genommen, um die Existenz des Planes der Supermächtigen zu beweisen; tatsächlich aber steht der Plan für das Verschwörungsdenken immer schon fest, und der Einzelfall wird ihm subsummiert.

Zufall und Zusammenhänge

Der Zufall spielt im Alltagsdenken eine wichtige Rolle. Im Sinn von Beobachtung zweiter Ordnung sollte er dies auch in der Soziologie tun, und zwar als Thema. Tut er aber nicht. Eine der wenigen Ausnahmen sind Max Horkheimer und Theodor W. Adorno. Sie kommen in der „Dialektik der Aufklärung“ auf den Zufall zu sprechen. Allerdings behandeln sie den Zufall in einer Weise, die die Schwierigkeiten des Umgangs mit dem Thema deutlich macht. Zufälle gibt es, schreiben sie, aber „der Zufall selbst wird geplant; nicht daß er diesen oder jenen bestimmten Einzelnen betrifft, sondern gerade, daß man an sein Walten glaubt.“ (Horkheimer, Adorno 1944/1969: 155) Der Glaube an den Zufall und daran, dass man eben Glück brauche, um „sein Glück“ zu machen, tritt an die Stelle der Überzeugung, man könne durch eigene Anstrengung es zu etwas bringen. Dieser Glaube an den Zufall aber wird von der „Kulturindustrie“, insbesondere vom Film, gefördert und planmäßig eingesetzt, um die Leute als Arbeitskräfte und Konsumenten funktionieren zu lassen. In dieser Weltsicht gibt es Zufälle, aber sie sind eingebettet in einen übergeordneten Plan der „Herrschenden“.

Im Verschwörungsweltbild wird diese Position mit einem entschiedenen Schritt rückwärts radikalisiert. Das mittelalterliche Denken konnte keinen Zufall kennen (Dux 1989/2017: 266), weil der Gang der Welt in Gottes Plan immer schon beschlossen war. So auch das Denken im Verschwörungsweltbild: Was der Fall ist, lässt sich unter Rekurs auf ein mächtiges Agens erklären. Zwar mag etwas als Zufall erscheinen, aber dahinter steht immer eine mit Macht ausgestattete Handlungsinstanz, die ihn bewirkt. Am Zufall wird sehr deutlich, dass das Verschwörungsweltbild Denken gegen die Moderne bedeutet.

---

79 Thomas Oysmüller, Israel setzt erste Klima-Lockdown-Maßnahme. Tkp 13. 7. 2023. https://tkp.at/2023/07/13/israel-setzt-erste-klima-lockdown-massnahme/

Zufälle gibt es nicht. Das wird in den Verschwörungstexten selbst immer wieder betont und mit der Aufforderung verbunden, man möge sich nicht mit dem Hinweis auf einen Zufall als Erklärung zufriedengeben. „Nichts geschieht jetzt zufällig. Es gibt keine Zufälle. Alles Schlechte, das jetzt geschieht, ist Teil eines Gesamtplans, und wenn man das weiß, ist es leicht zu erkennen, was als Nächstes kommt."[80] Dass es keine Zufälle gibt, ist in der Verschwörungspublizistik so gut etabliertes Standardwissen, dass schon die rhetorisch-sarkastische Frage „... ein Zufall? ..." als Signal reicht, dass keiner vorliegt. „Was für ein Zufall: Dengue-Fälle schießen in die Höhe, während der Impfstoff kurz vor der Zulassung steht."[81] Dabei geht es nicht nur darum, eine verschwörungslogische Erklärung für Pandemien, Stürme, Trockenheit, Überschwemmungen etc. zu präsentieren, sondern in eben diese Erklärung mit einzubeziehen, warum diese Wetterkatastrophen vom „Mainstream" anders erklärt werden. Der Klimawandel und das klimapolitische Engagement werden als Ablenkungsmanöver entlarvt, seine Protagonisten dementsprechend als „die vollkommen verblödete und degenerierte letzte ‚Generation Z'"[82] beschimpft. Klimawandel, Umweltprobleme und Umweltbewegungen sind Themen, die sich in das Verschwörungsweltbild leicht integrieren lassen. „Die störenden Klima-Aktivisten der ‚Letzten Generation' sind Agenten des Staates, die eine weitreichende Lizenz zum Stören und Vandalisieren erhalten haben, um die grüne Agenda zu fördern."[83] Um dagegen eine Katastrophe wie das Erdbeben im Südosten der Türkei im Februar 2023 mit dem bösen Willen der Supermächtigen zu erklären, bedarf es umfassender Voraussetzungen. Diese supermächtigen „Menschenfeinde" haben phantastische technische Hilfsmittel, sie bestimmen über die gekauften Medien und können damit rechnen, dass ihnen eine „ignorante Bevölkerung" alles glaubt. Also: Die Verschwörung besteht darin, dass ein Unheil der bösen Absicht entsprechend realisiert wird, und dass falsche, verdunkelnde Erklärungen für dieses Unheil verbreitet werden. Über den Zusammenhang von Wetterkatastrophen und Erdbebenkatastrophen wird geraunt: „Darüber hinaus geben außergewöhnliche meteorologische Phänomene und mysteriöse plattentektonische Ereignisse der jüngsten Zeit ausreichend Anlass zur Annahme, dass Extremwetter und Natur-

80 Dr. Vernon Coleman: Was wird im Jahr 2023 passieren? Uncut news 4. 1. 2023. https://uncutnews.ch/dr-vernon-coleman-was-wird-im-jahr-2023-passieren/

81 Uncut news 27. 7. 2023. https://uncutnews.ch/was-fuer-ein-zufall-dengue-faelle-schiessen-in-die-hoehe-waehrend-der-impfstoff-kurz-vor-der-zulassung-steht/

82 Capricornus, 2023 – Die Welt im Würgegriff des globalen Wetterterrors. dudeweblog 24. 3. 2023. https://dudeweblog.wordpress.com/2023/03/24/2023-die-welt-im-wurgegriff-des-globalen-wetterterrors/

83 Uncut news 30. 5. 2023. https://uncutnews.ch/die-storenden-klima-aktivisten-der-letzten-generation-sind-agenten-des-staates-die-eine-weitreichende-lizenz-zum-stoeren-und-vandalisieren-erhalten-haben-um-die-gruene-agenda-zu-foerdern/

katastrophen zwischenzeitlich durchaus als geostrategische Waffen fungieren könnten.“[84]

Aus dem Umgang mit Zufall lässt sich eine Faustregel machen: Die Versicherung in einem Text, dass es keine Zufälle gibt, ist ein sicheres Indiz dafür, dass er aus der Welt des Verschwörungsdenkens stammt. Denn die Unfähigkeit, Zufälle zuzulassen, belegt die Interpretationskraft der vormodern-absolutistischen Logik des Verschwörungsweltbildes, in der alles Erklären durch Rückverweisung auf einen vorausgesetzten Anfang stattfindet. Ganz knapp: Im Einfachdenken steckt hinter allen Zufällen Absicht.

Alles hängt miteinander zusammen

„Die Tragödie von heute ist, dass niemand die Punkte verbindet ... niemand fragt, was dahinter steckt.“ Zum Beispiel im Fall der Proteste in Frankreich im Frühling 2023: „Die Auseinandersetzung sollten [sic] vor dem Hintergrund der Aktivitäten der EU zur Umsetzung des Great Reset des WEF durch die EU gesehen werden.“[85]

Die Frage im Titel „wer steckt dahinter?“ ist präziser als die zitierte Textstelle: Es geht im Verschwörungsweltbild nie darum, *was* dahintersteckt, sondern immer: *wer*. Der Verweisungszusammenhang ist rasch hergestellt: Die Proteste richten sich gegen eine Maßnahme der nationalen Politik (Erhöhung des Pensionsalters), welche den Direktiven der Europäischen Union folgt, die eine Agenda des World Economic Forum umsetzt. Womit die Herleitung bei einem Handlungszentrum angelangt ist, von dem aus sich das Verschwörungsdenken den Gang der Welt erklärt. Es geht nicht nur um eine Pensionsreform in Frankreich. Es geht auch um die De-Industrialisierung Deutschlands, Lieferung von Geld und Waffen an die Ukraine, Forderungen nach Lohnerhöhungen in Deutschland, die Sprengung der North-Stream-Pipeline, LGBTQ-Propaganda als „eugenistische Agenda“, die giftigen Covid-„Vaxxe“[86].

Was sich hier zeigt, sind keine Schwierigkeiten, beim Thema zu bleiben, sondern Konsequenzen der Logik des Einfachdenkens. Das Verschwörungsdenken stellt sich die Aufgabe, zwei Fragen zu klären. Zum einen müssen die Verbindungen zwischen den Phänomenen aufgedeckt werden; zum anderen muss das Handlungszentrum samt seinen Absichten entlarvt werden. Die Leistungsfähigkeit des Verschwörungsdenkens zeigt sich darin, dass es beide Aufgaben simultan löst: Die Zusammenhänge zwischen den Phänomenen entstehen dadurch, dass

---

84 Tom-Oliver Regenauer, Wetter als Waffe. Rubikon 4. 3. 2023. https://www.manova.news/artikel/wetter-als-waffe

85 Dr. Peter F. Mayer, Frankreich in Flammen – Wer steckt dahinter? Tkp 5. 4. 2023. https://tkp.at/2023/04/05/frankreich-in-flammen-wer-steckt-dahinter/

86 Ebd.

sie alle sich auf die Intentionen des Handlungszentrums an der Spitze der Gesellschaft zurückführen lassen. Die Zusammenhänge, die von so wenigen gesehen werden, sind über das Handlungszentrum der Gesellschaft vermittelt und fügen sich zu einem Gesamtzusammenhang. Gesellschaft ist im Verschwörungsdenken eine von oben gestaltete und kontrollierte Totalität. Der über das Handlungszentrum vermittelte Gesamtzusammenhang ist die Kehrseite der Grundeinsicht aus dem Verschwörungsweltbild: „Es gibt KEINE Zufälle.“ [87]

Intendierte Komplexität

Längerfristig gesehen kommt der Druck komplexer gesellschaftlicher Verhältnisse auf die Alltagswelt und das Leben der Leute nicht gleichmäßig, sondern in Schüben. Ungefähr ab der Mitte des 19. Jahrhunderts hatte sich so ein Schub aufgebaut, ab den 70er Jahren des 20. Jahrhunderts ein neuer Schub: Reichweite und Verdichtung der Gesellschaft haben sich durch Globalisierung und Digitalisierung noch einmal gesteigert. Zuletzt hat sich das Bewusstsein globaler wechselseitiger Abhängigkeiten durch Flüchtlingsströme, die Covid-19-Pandemie samt Pandemiepolitik und den russischen Krieg gegen die Ukraine gesteigert. In all diesen Fällen hat das komplexe Zusammenwirken räumlich weit entfernter und vielfältiger Faktoren lebensweltliche Effekte. Insbesondere hat sich der „Hier-und-Jetzt-Bereich“ der Lebenswelt durch das Internet ganz wesentlich erweitert (Knoblauch 2017: 39 f.). Das Eindringen von Komplexität in den Alltag führt zu Orientierungsproblemen und nötigt zu Rückfragen nach den Gründen. Wenn sich die Orientierungsprobleme ausbreiten, führt dies zu politischen Angeboten, die Vereinfachungen der sozialen Verhältnisse versprechen. Die Klage über unübersichtliche soziale Verhältnisse ist die Grundlage für radikale Vereinfachungsversuche der Interpretation der sozialen Verhältnisse.

Die Ausgangsfrage ist nachvollziehbar: „Es besteht kein Zweifel, dass das internationale Chaos das Ergebnis des bewussten Handelns der politischen Entscheidungsträger ist. Die Frage ist nur, ob das Chaos das beabsichtigte Ergebnis ihrer Entscheidungen ist?“[88] Das ist allerdings nur eine rhetorische Frage. Für eine ernsthafte Erklärung könnten Angebote aus der Theorie emergenter Prozesse, nicht intendierter Effekte etc. in Anspruch genommen werden. Die Argumentation geht aber in eine andere Richtung. Im ersten Schritt wird die Unübersichtlichkeit der sozialen Verhältnisse diagnostiziert: „Die heutigen Gesellschaften sind der Inbegriff der Entfremdung. Aufgeblähte Institutionen, riesige Konzerne

87 Ebd. (Herv. i. O.).

88 Iain Davis, Es ist das Vertrauen in die Autorität, Dummkopf. Uncut news 24. 3. 2023. https://uncutnews.ch/es-ist-das-vertrauen-in-die-autoritaet-dummkopf/

und undurchschaubare Finanzstrukturen bestimmen derzeit unser Leben."[89] Solche sozialen Verhältnisse sind nicht das Resultat anonymer Entwicklungen, sondern dahinter steckt Absicht: „Die kriminellen Akte verbergen sich in verklausulierten Verordnungen, komplizierten Gesetzestexten, Handelsverträgen, Satzungen, Strategiepapieren, Parlamentsprotokollen, in Memos, Aktenstapeln, Pressemitteilungen und auf unübersichtlichen Webseiten intransparenter Organisationen. Tatorte sind Gerichtsgebäude, Konzernzentralen, Meetingräume, Luxushotels und -Restaurants, Plenarsäle, Büros, Fernsehstudios und Redaktionen." Im zweiten Schritt werden Verursacher als Schuldige benannt: „Täter und Frontmänner der entsprechenden kriminellen Vereinigungen treten zur besten Sendezeit im Fernsehen auf. Sie geben ungeniert den nahbaren Volksvertreter, fleißigen Wissenschaftler, spendablen Philanthropen oder opferbereiten Altruisten."[90] Die Logik des Einfachdenkens erzwingt die Personalisierung. Jedes soziale Phänomen lässt sich einem Verursacher „dahinter" zurechnen. Wenn es um undurchsichtige weltweite Verflechtungen geht, ist darum nicht von „Globalisierung", sondern von den „Globalisten" die Rede. Im dritten Schritt wird die Komplexität der Verhältnisse selbst als gewollt dargestellt; als Trick der „Eliten", um ihre Weltherrschaftspläne zu verschleiern: „Die Kunst dabei: eine strukturelle Komplexität im System zu schaffen, die es erlaubt, Kommunikation zu chiffrieren und Verantwortung für fragwürdige Prozesse konstant von einer Partei zur nächsten weiterreichen zu können, sodass schlussendlich niemand haftbar gemacht werden kann."[91] Die inszenierte Komplexität – auch schlicht: „das Chaos" – hat letztlich den Zweck, die Leute regierbar zu machen, also dem Willen der „Mächtigen" völlig zu unterwerfen. Unabhängig von allen Ambivalenzen, die Innovationen implizieren mögen, werden alle Neuerungen, die nicht sofort einsichtig sind (also überhaupt alle) unter diesen Generalverdacht gestellt. „Das von Laien kaum durchdringbare Chaos aus Verordnungen, Paragrafenwirrwarr und unzähligen Ausnahmen verfolgt letztlich nur einen Zweck: den Datenschutz immer weiter auszuhöhlen. Ziel: der ‚gläserne' Bürger, der mithilfe von Künstlicher Intelligenz (KI), Blockchain-Technologie, Smart Contracts und einer digitalen Zentralbankwährung (CBDC) in naher Zukunft vollautomatisiert regiert werden soll."[92]

Noch einmal. Im ersten Schritt wird die Überforderung durch Komplexität festgestellt; bzw. durch die Feststellung suggeriert: „Die Welt scheint im Chaos zu versinken. Angesichts von Ereignissen wie dem jüngsten Zusammenbruch der

---

89 Felix Feistel, Der Utopie-Irrtum. Rubikon 23. 4. 2022. https://www.manova.news/artikel/der-utopie-irrtum

90 Tom-Oliver Regenauer, Institutionalisierte Kriminalität. Rubikon 21. 5. 2022. https://www.manova.news/artikel/institutionalisierte-kriminalitat

91 Ebd.

92 Simone Hörrlein, Lizenz zum Datenmißbrauch. Manova 29. 4. 2023. https://www.manova.news/artikel/lizenz-zum-datenmissbrauch

SVB-Bank, der zu den Problemen hinzukommt, die angeblich durch die Pseudopandemie und den Krieg in der Ukraine verursacht werden, kann man sich leicht überfordert fühlen." Und im zweiten Schritt wird die Komplexität durch Entlarvung der dahinterstehenden Intention aufgelöst. Im Verschwörungsweltbild ist die Frage, ob das Chaos intendiert ist, rhetorischer Natur. Es ist klar: „Alles deutet darauf hin, dass es so ist."[93] Das Verschwörungsdenken entlarvt „Komplexität als Versklavungstrick."[94] Es kann nicht anders.

Die interpretative Potenz des Einfachdenkens bewältigt alles, auch jene soziale Konstellation, die ihm diametral entgegensteht: Komplexität. An diesem Extremfall erkennt man die Interpretationskraft des Einfachdenkens besonders gut. Noch die Komplexität selbst wird von der handlungslogischen Deutung unterlaufen: Die Komplexität von sozialen Verhältnissen, die deren intentionalistische Erklärungen ins Leere laufen lässt, wird als Ergebnis einer Intention erklärt. Der böswilligen Komplexitätssteigerung werden Schlichtheit als Tugend, „überschaubare Strukturen" und „eine Kultur der Genügsamkeit" entgegengesetzt.[95] Mit anderen Worten: Im Rahmen des Verschwörungsweltbildes gilt Komplexität als eine gesellschaftliche Verfasstheit, die geschaffen wurde, damit die sozialen Verhältnisse kompliziert erscheinen und nicht verstanden werden. Die Mächtigen sind daran interessiert, dass die Leute die Verhältnisse nicht verstehen. Also ist die soziale Komplexität von den Mächtigen gemacht. So einfach ist das.

„Wer in der Kybernetik beziehungsweise Chaostheorie zuhause ist, wird erkannt haben, dass wir uns mit dem globalen Gesellschaftssystem aktuell in einem instabilen Zustand befinden, dem sogenannten Chaos. Laut der Theorie schwingen sich chaotische Systeme auf einer höheren Energieebene wieder in einen stabilen Zustand ein. Dieser Übergang steht uns noch bevor."[96] Der Autor sieht zwei mögliche Entwicklungen. Entweder die Perfektionierung des Systems der „Supermächtigen" samt Transhumanismus mit allem Drum und Dran. Oder eine Gesellschaft, in der *Wir* uns verwirklichen und wohlfühlen, eine regressive Gemeinschafts-Utopie. Das gegenwärtige „Chaos" ist zugleich die Entscheidungssituation zwischen den beiden Kräften, die miteinander kämpfen: *Sie* und *Wir*.

93 Iain Davis, Es ist das Vertrauen in die Autorität, Dummkopf! Uncut news 24. 3. 2023. https://uncutnews.ch/es-ist-das-vertrauen-in-die-autoritaet-dummkopf/

94 Hans-Jürgen Geese, Der Todeskampf des Kapitalismus. Uncut news 12. 6. 2023. https://uncutnews.ch/der-todeskampf-des-kapitalismus/

95 Felix Feistel, Der Utopie-Irrtum. Rubikon 23. 4. 2022. https://www.manova.news/artikel/der-utopie-irrtum

96 Manovas Mut-Redaktion, Das Team Mensch. Rubikon 1. 6. 2021. https://www.manova.news/artikel/das-team-mensch-6

Manipulation

Die Vorstellung, dass die überwiegende Mehrheit der Leute von den Supermächtigen manipuliert wird, spielt im Verschwörungsweltbild eine entscheidende Rolle. Manipulation wird immer dann angenommen, wenn sich zwischen den verschwörungsdenkerisch generierten Einsichten und den Einstellungen der überwiegenden Mehrheit eine Kluft auftut. Und das ist sehr oft der Fall. Manipulation erklärt die Differenz zwischen dem für das Verschwörungsdenken Offensichtlichen und den Leuten; zum Beispiel das Ergebnis der Volksabstimmung in der Schweiz am 18. Juni 2023. Bei einer Beteiligung von 40 % der Wahlberechtigten hatten knapp 60 % für ein Klimaschutzgesetz und über 60 % für die Beibehaltung der Pandemieregeln gestimmt. Also: „Die Schweiz wählt den Klima- und Coronawahn."[97] Und wie war das möglich? Die Medien haben „die Massen manipuliert", und der Staat hat die Mehrheit „durch Drohung und Erpressung" eingeschüchtert. Das für die Klimawandel- und Corona-Leugner rätselhafte Ergebnis der Abstimmung wird in der Logik der Handlung erklärt, also mit Akteuren, die verdeckt aus dem Hintergrund wirken.

Das Verschwörungsweltbild schafft zwar Ordnung, aber es beunruhigt.

Die Macht der Supermächtigen drückt sich darin aus, dass sie in der Lage sind, ihre Absichten zu verwirklichen *und* sie vor den Leuten zu verschleiern. Diese Annahmen sind für das Verschwörungsdenken konstitutiv. Sie führen dazu, den Mächtigen umfassende Möglichkeiten der Manipulation des Bewusstseins der Beherrschten zuzuschreiben. Daraus ergeben sich innerhalb des Verschwörungsweltbildes zwei Anschlussfragen. Erstens muss erklärt werden, auf welche Weise sich die Herrschenden des Bewusstseins der Beherrschten bemächtigen. Die Antwort läuft auf die Annahme gekaufter Wissenschaft und eines immensen Einflusses der „Mainstream-Medien" samt maßloser Medienkritik („Lügenpresse") hinaus. Und zweitens muss man sich selbst (und eigentlich auch den anderen) plausibel machen, wieso man von dieser umfassenden Manipulation ausgenommen ist, sie vielmehr durchschaut.

Der Rückschluss von Finanzierungsquellen der Wissensproduktion auf die prinzipielle Verderbtheit von Wissenschaft und Medien erspart die Auseinandersetzung mit den Inhalten. Die Argumentation ist anspruchslos. „Jeder Professor weiß: Wer die Universitäten beherrscht, bestimmt, wie wir leben." Wer beherrscht die Universitäten? Jene, die das Geld dafür haben. Und „woher kommt das Geld und woher kommen die Leute?" Das Geld liefern „große Unternehmen, Stiftungen, die Politik und ihre Behörden." Und die Forschenden machen dabei

97 Thomas Oysmüller, Die Schweiz wählt den Klima- und Coronawahn. Tkp 19. 6. 2023. Die folgenden beiden Zitate sind Erklärungen aus der Schweiz, die der Autor ohne erkennbare Distanzierung referiert. https://tkp.at/2023/06/19/schweiz-waehlt-den-klima-und-corona-wahn/

mit, „weil der Preis für den Erfolg mehr als lukrativ ist."[98] (Der Preis ist lukrativ?) Das Verschwörungsdenken kann sich den Kontext wissenschaftlichen Wissens eben nur „pyramidalisierend" (Foucault) vorstellen: Herrschende → Forschungsfinanzierung → Universitäten → Forschung → *Unser* Leben.

Analog wird beim Thema Medien argumentiert. Die Supermächtigen haben die Mainstream-Medien in ihren Besitz gebracht und investieren in die Ausbildung und Loyalität von Journalistinnen und Journalisten. „Wer die Fäden zieht, ist eine strittige Frage, aber es ist klar, dass Journalisten und Politiker willige Komplizen der breiten Agenda sind, die hinter Klimawandel, Covid-19 und Transgenderismus steht."[99] Konsequent werden Informationen über Eigentümer und Finanziers einzelner Medien als hinreichende Belege dafür präsentiert, dass man ihnen nicht glauben kann.[100] Klar: Im Verschwörungsweltbild ist nichts anderes als der direkte Zugriff des Geldes auf die Redaktionsarbeit denkbar.[101]

Da Journalistinnen und Journalisten bei all dem freiwillig mitmachen, besteht ein wesentlicher Teil der Verschwörungspublizistik aus Journalistenbeschimpfung. „Das ist der heutige Journalismus: eine Allianz von Mittätern und verspäteten Besserwissern, eine Mischung aus Mob-Kultur und ‚gang violence'"[102]. Die Macht setzt sich mittels Geld in Manipulation um: „Die gekauften Herrschaftsmedien und ihre quakenden Maulhuren verbreiten den geistigen Unrat als Verstärker: Jetzt erklären sie die gesunden, ungeimpften Menschen zu Aussätzigen, Pestträgern, Seuchen- und Unheilbringern. Nun sollen die Gesunden die wahren Pandemieverursacher sein: Hexen und Ketzer wider die natürliche Neofeudalordnung in den real abgeschafften westlichen Demokratien"[103].

---

98 Michael Meyen, Forschung am Gängelband. Manova 25. 8. 2023. https://www.manova.news/artikel/forschung-am-gangelband-2

99 Uncut news 24. 4. 2023. Das Ministerium für Wahrheit: die globale Strategie der Informationskontrolle, Teil 2. https://uncutnews.ch/das-ministerium-fuer-wahrheit-die-globale-strategie-der-informationskontrolle-teil-2/

100 Angela Mahr, Konzernabhängige Medienlandschaft. Manova 24. 8. 2023. https://www.manova.news/artikel/konzernabhangige-medienlandschaft

101 Als Einstieg zur Entwicklung professioneller Fragestellungen der Mediensoziologie vgl. Weber 1911.

102 Milosz Matouschek, Die Pandemieketten sprengen. Rubikon 17. 5. 2022. https://www.manova.news/artikel/die-pandemieketten-sprengen. Vgl. auch Peter Frey, Die Krisenprofiteure. Rubikon 27. 7. 2022. https://www.manova.news/artikel/die-krisenprofiteure.

103 Ulrich Mies, Das Volksverhetzer-Syndikat. Rubikon 27. 11. 2021 https://www.manova.news/artikel/das-volksverhetzer-syndikat

Schlafschafe und Aufgewachte

„Die Kontrolle der Bevölkerung erfolgt in unserer westlichen Gesellschaft durch die Manipulation des Denkens."[104] Ein tragender Pfeiler des Verschwörungsweltbildes ist die Vorstellung umfassender Manipulation durch die Medien. Es kann auch gar nicht anders sein; und zwar in zweierlei Hinsicht. Erstens ergibt sich aus der umfassenden Macht der Eliten von selbst, dass sie zu umfassender Manipulation in der Lage sind. Immer wieder werden dafür Eigentumsverhältnisse und -verflechtungen der prominenten Medien als Belege angeführt. Die Supermächtigen können also manipulieren. Und zweitens kommen Erklärungen im Rahmen des Verschwörungsweltbildes nicht ohne die Überzeugung aus, dass umfassend manipuliert wird. Wie sonst wäre es möglich, dass von den Supermächtigen so viel Unheil angerichtet wird und dass alle Aufklärungs-, Aufdeckungs-, Entlarvungsbemühungen so wenig Resonanz finden?

Allerdings muss die Manipulation Grenzen haben. Denn die gesamte Verschwörungspublizistik funktioniert nur auf der Grundlage der Unterscheidung zwischen der manipulierten, verblendeten Mehrheit und der kleinen, aufgewachten Minderheit. So können die Verschwörungsdenker die Mehrheit „Schlafschafe" nennen, sich selbst dagegen „Aufgewachte". Das ist inkonsequent, aber praktisch. Gegen Ende des Buches wird sich herausstellen, dass diese Rettung mit erheblichen Kosten verbunden ist.

Die Annahme, dass die Manipulation letztlich eben doch nicht total ist, hat eine entscheidende Konsequenz: Es stellt sich die Frage, warum es gar so viele „Schlafschafe" gibt. Alle könnten die Machenschaften der Supermächtigen längst durchschaut haben, denn „wer sehen wollte, konnte sehen. Umverteilung von unten nach oben, Bevölkerungsreduzierung und totale Kontrolle durch den finanziellen digitalen Komplex zu Lasten der Freiheit und Selbstbestimmung des Einzelnen fassen den Plan hinter den falschen Versprechungen zusammen."[105] Es kommt also ganz entscheidend darauf an, ob man aufwachen/sehen/entlarven *will*. Und wer nicht will, ist selbst schuld, denn an der Aufdeckung ihrer Machenschaften wirken die Supermächtigen sogar selbst mit. „Dabei hat die Arroganz der internationalen Machthaber und Strippenzieher mittlerweile derart obszöne Formen angenommen, dass sie ihre langfristige, inhumane, dystopische Agenda ungeniert öffentlich kundtun. Das ist keine Verschwörungstheorie ..."[106]. Das freilich macht das Phänomen umso rätselhafter: Warum lehnt sich die Mehrheit

---

104 Patrick Münch, Die Delegitimierung des Widerstands. Manova 19. 7. 2023. https://www.manova.news/artikel/delegitimierung-des-widerstands

105 Lothar Obrecht, Die Ignoranz der vielen. Manova 15. 4. 2023. https://www.manova.news/artikel/die-ignoranz-der-vielen

106 Tom-Oliver Regenauer, Falsche Freunde, falsche Feinde. Rubikon 2. 4. 2022. https://www.manova.news/artikel/falsche-freunde-falsche-feinde

nicht gegen die Pläne der Machthaber auf? Seine Erklärung lautet, dass die Beherrschten nicht ganz unbeteiligt daran sind, dass die Herrschenden sie fest im Griff haben.

Daher ist die Einstellung der „Aufgewachten" gegenüber den Leuten bestenfalls zwiespältig. Einerseits können sie mit einem gewissen Verständnis rechnen. Man selbst habe den Durchblick ja auch erst mit der Zeit gewonnen: „Wer sich als politisch aufgewacht empfindet, möge sich nicht viel darauf einbilden. Denn der Lernprozess dauert an. Typisch dafür sind ein gesteigertes Gerechtigkeits- und Wahrheitsempfinden und eine Hellhörigkeit für den Sprachgebrauch. Impfpflicht? Es müsste Vergiftungspflicht heißen. Der Aufgewachte versteht die noch nicht Aufgewachten, denn eben war er selber noch so einer." [107] Andererseits sind die Absichten der Mächtigen „für die, die sehen wollen, nicht schwer zu erkennen"[108]. Die Verblendeten trifft darum Mitschuld an ihrer Verblendung, und sie werden dafür beschimpft: Sie sind „in ihre Ketten verliebte Gefangene"[109] oder „der geistig verwirrte Mob" und „Pöbel".[110] Aber die Leute bemerken weder Manipulation noch Mitschuld. „Diese Mehrheit ist Opfer einer gigantischen, professionell orchestrierten Gehirnwäsche, die bis zum heutigen Tag ihre Wirkung nicht verfehlt."[111] Die Abscheu der Aufgewachten vor der manipulierten Mehrheit geht in manchen Fällen so weit, dass sich der Fokus ihrer Aufmerksamkeit verschiebt und die Mehrheit zum Gegner wird: „Nicht unfähige Politiker sind das Problem, sondern infantile und gleichgültige Bürger, die derartige ‚Eliten' tolerieren."[112]

„Die Menschen sind fett, wohlgenährt, körperlich und intellektuell faul."[113] Die Lage, in der sich „die Aufgewachten" befinden, ist also nicht einfach. Einerseits kämpfen sie im Namen aller gegen die Supermächtigen, gegen die Eliten. Denn die Eliten verfolgen ja eine Agenda, die alle in höchste Gefahr bringt. Andererseits aber steht die überwiegende Mehrheit diesem Kampf gleichgültig bis ablehnend gegenüber, da die feindlichen Eliten sie ideologisch fest im Griff haben. Die Aufgewachten sehen sich also im Verschwörungsweltbild selbst in eine Außenseiterposition gedrängt. Daraus ergibt sich ein dem Leninismus verwandtes Elitenbe-

---

107 „Aufgewacht. Das Politmagazin für Sachsen" (seit 2022).

108 Birgit Naujeck, Welthunger als politische Waffe. Rubikon 22. 7. 2022. https://www.manova.news/artikel/welthunger-als-politische-waffe

109 Roland Rottenfußer, apolut 11. 4. 2022. Lasst sie nicht davonkommen! 9. 4. 2022. https://apolut.net/lasst-sie-nicht-davonkommen-von-roland-rottenfusser/

110 Flo Osrainik, Willkommen an der Front, Teil 2/3. Rubikon 20. 1. 2022. https://www.manova.news/artikel/willkommen-an-der-front-2

111 Ulrich Mies, Annette van Gessel, Gemeinsam stark. Rubikon 27. 8. 2022. https://www.manova.news/artikel/gemeinsam-stark

112 Raymond Unger, Versäumte Reifungsschritte. Manova 26. 4. 2023. https://www.manova.news/artikel/versaumte-reifungsschritte

113 Was wirklich hinter dem globalen Reset und der Agenda 2030 für nachhaltige Entwicklung steckt. Uncut news 10. 7. 023. https://uncutnews.ch/was-wirklich-hinter-dem-globalen-reset-und-der-agenda-2030-fuer-nachhaltige-entwicklung-steckt/

wusstsein. Man fühlt sich legitimiert, Interessen der Mehrheit wahrzunehmen, derer sie sich nicht bewusst ist. Auch gegen sie.

V Misstrauen im Verschwörungsweltbild

Abbau von Institutionen-Vertrauen

Interaktion unter Fremden ist ein Basismerkmal der Moderne. „In conditions of modernity, larger and larger numbers of people live in circumstances in which disembedded institutions, linking local practices with globalised social relations, organise major aspects of day-to-day life.“ (Giddens 1990: 79) Dies hat zur Folge, dass anonyme soziale Kontakte zunehmen und Systemvertrauen zur Voraussetzung für soziale Integration wird. „Trust relations are basic to the extended time-space distanciation associated with modernity.“ (ebd.: 87) Auch hier zeigt sich Verschwörungsdenken als Denken gegen die Moderne: Institutionen-Vertrauen wird attackiert, und als Ersatz wird zu pseudo-personalem Vertrauen geraten. Ich erörtere die beiden Seiten.

„Es ist das Vertrauen in die Autorität, Dummkopf! Wir werden von einer parasitären Bande von Raubrittern und Gaunern ausgebeutet, deren ganzes Imperium auf einer grundlegenden Prämisse beruht: Wir vertrauen ihrer Autorität.“ … „Wir müssen aufwachen und erkennen, dass nichts, was eine Regierung jemals tut, zu unserem Vorteil ist. Wir haben überhaupt keinen Grund, irgendetwas zu glauben, was Regierungen sagen, und wir müssen aufhören, ihrer Propaganda zu glauben.“[114] Da die Supermächtigen die Gesellschaft umfassend im Griff haben, verdient nichts in dieser Gesellschaft *Unser* Vertrauen.

In der Moderne ist Wirklichkeit jenseits des engen Radius persönlicher Anschauungen medial vermittelt. Sich der Wirklichkeit sicher zu sein, erfordert darum ein gewisses Maß an Vertrauen in Medien. Der verschwörungsdenkerische Kampf gegen Vertrauen in Institutionen wird darum in erster Linie als Kampf gegen Vertrauen in Medien ausgetragen. *Sie* inszenieren via Medien die Wirklichkeit, der *Wir* darum nicht trauen können. Eine einfache Überlegung verdeutlicht die zentrale Bedeutung der Medien im Verschwörungsweltbild. Da in der Moderne die Realität ganz überwiegend nur durch die Massenmedien vermittelt erfahren werden kann (Luhmann 2009), ist der Abbau von Vertrauen in die Medien Abbau von Vertrauen in die Wirklichkeit. Die Medienkritik im Verschwörungsweltbild ist also Aufforderung zu umfassendem Misstrauen. Empfohlen wird eine „Mediendiät“[115], die darin besteht, sich vom Informationsangebot der Mainstream-Medien abzukoppeln. „Außerdem sollten wir uns öfter der Dauerbeschal-

---

114 Iain Davis, Es ist das Vertrauen in die Autorität, Dummkopf! Uncut news 24. 3. 2023. https://uncutnews.ch/es-ist-das-vertrauen-in-die-autoritaet-dummkopf/

115 Daniele Ganser, Die größte Show der Welt. Manova 29. 7. 2023. https://www.manova.news/artikel/die-grosste-show-der-welt-2

lung durch Propaganda entziehen, indem wir häufiger mal den Stecker unseres Fernsehers ziehen".[116] Als Ersatz wird reichlicher Konsum von Alternativ-Medien nahegelegt. „Konsumieren Sie alternative und objektive Medien und lernen Sie, wie man wissenschaftliche Studien liest und interpretiert."[117] Medienmisstrauen ist konstitutiv für das Denken gegen die Moderne.

Zugleich ist das Verschwörungsdenken auf die Medien angewiesen. Anders würde es von den vielfältigen Vorgängen auf der Welt, die es als Ausdruck einer Verschwörung begreift, nichts erfahren. Man sieht wieder: Im Verschwörungsweltbild wird gegen die Moderne gedacht – aber auf moderner Grundlage. Darum steht die Verschwörungspublizistik den etablierten Medien ambivalent gegenüber. Einerseits wird vor den manipulativen Mainstream-Medien gewarnt. Andererseits aber ist die soziale Realität in der Moderne nun einmal massenmedial vermittelt – und nicht anders zu haben. Diese Ambivalenz hat sich jenem Autor nicht erschlossen, der Niklas Luhmann tatsächlich als Zeugen für „die Macht der Medien"[118] aufruft, die ihnen von den Herrschenden verliehen wird. Man muss nur ein paar Sätze weiterlesen, um der soziologischen Aufklärung teilhaftig zu werden. Da schreibt Luhmann: „Man wird alles Wissen mit dem Vorzeichen des Bezweifelbaren versehen – und trotzdem darauf aufbauen, daran anschließen müssen. Die Lösung des Problems kann nicht, wie in den Schauerromanen des 18. Jahrhunderts, in einem geheimen Drahtzieher im Hintergrund gefunden werden, so gerne selbst Soziologen daran glauben möchten" (Luhmann 2009: 9); und im Verschwörungsweltbild Befangene glauben müssen.

Dem Verschwörungsdenken selbst mag seine ambivalente Einstellung zu den Mainstream-Medien verborgen bleiben, doch die Praxis der Verschwörungspublizistik dokumentiert sie. Einerseits werden die vermeintlichen Lügen der Mainstream-Medien als Ursache herangezogen, wenn die Mitmachbereitschaft der Leute an den gegebenen sozialen Verhältnissen erklärt werden soll. Entsprechend besteht ein wesentlicher Teil der Verschwörungspublizistik darin, auf Vertrauensverluste der Leute hinzuarbeiten. Andererseits aber ist das Verschwörungsdenken auf den massenmedialen Zugang zur Realität angewiesen. Denn die Tätigkeit der Verschwörungspublizistik besteht ja im Wesentlichen nicht darin, zu recherchieren, sondern Zusammenhänge interpretativ so zu arrangieren, dass sie ins Verschwörungsweltbild passen. Die Realität, die von den Verschwörungsdenkern interpretiert wird, haben sie aus den Mainstream-Medien. Die

116 Walter Schönthaler, Klassenkampf als Geschäftsmodell. Rubikon 25. 5. 2022. https://www.manova.news/artikel/klassenkampf-als-geschaftsmodell

117 Uncut news 20. 4. 2023. https://uncutnews.ch/es-ist-noch-nicht-zu-spaet-hier-sind-23-moeglichkeiten-wie-sie-sich-dem-great-reset-widersetzen-koennen/

118 Flavio von Witzleben, Die Schreibtischtäter. Rubikon 9. 8. 2022. https://www.manova.news/artikel/die-schreibtischtater

Empfehlung, auf die Rezeption der Mainstream-Medien zu verzichten, gilt für die anderen, nicht für die Verschwörungspublizistinnen selbst.

Misstrauen und Re-Personalisierung von Vertrauen

Vertrauen wird nicht ersatzlos abgebaut. Dies würde zu Orientierungslosigkeit und damit zu Handlungsunfähigkeit führen. Also werden Verluste in Institutionen-Vertrauen durch den Aufbau von Orientierung an anderen Anhaltspunkten kompensiert. „Mißtrauen ist jedoch nicht nur das *Gegenteil* von Vertrauen, sondern als solches zugleich ein *funktionales Äquivalent* für Vertrauen. Nur deshalb kann (und muß) man nämlich zwischen Vertrauen und Mißtrauen *wählen*." (Luhmann 1973: 78; vgl. Endreß 2012) Wer sich für Misstrauen entscheidet, verengt seine Weltsicht. Das „reicht von der Definition des Rollenpartners als Feind, der bekämpft werden muß, über ein grenzenloses Ansammeln eigener Reserven für Notfälle bis zum Verzicht auf alle abschreibbaren Bedürfnisse." (ebd.) Damit einher geht eine charakteristische Verengung der Informationsquellen, an die man sich hält. „Wer mißtraut, braucht mehr Informationen und verengt zugleich die Informationen, auf die zu stützen er sich getraut. Er wird von *weniger* Informationen *stärker* abhängig." (ebd.: 79) Genau das wird von der Verschwörungspublizistik aktiv betrieben. Im Unterschied zu Mainstream-Medien empfehlen sich alternative Medien ihren Leserinnen und Lesern als alternativlos: Werfen Sie Ihren Fernseher weg! Dazu kommen Versuche, das Publikum an den Sorgen der Redaktion, insbesondere den finanziellen Sorgen, teilhaben zu lassen. „Ich habe mein Leben in den Dienst der Wahrheit gestellt", schreibt der US-amerikanische Autor Paul Craig Roberts. Nach ein paar Beispielen dafür, dass „die Wahrheit" in Gefahr ist – unter anderem, weil man nicht ungestraft von manipulierten Wahlmaschinen erzählen kann –, trägt er den Leserinnen und Lesern sein Anliegen dann sehr direkt vor: „Essen Sie einfach eine Pizza weniger und unterstützen Sie die Wahrheit. Unterstützen Sie die Wahrheit, oder Sie werden in George Orwells 1984 oder in The Matrix oder in Aldous Huxleys Brave New World, Klaus Schwab Version, leben. ... Mein Dank gilt den monatlichen Spendern, die diese Website möglich machen."[119]

Neben der Verengung, also der Orientierung des Vertrauens an weniger Anhaltspunkten, von denen es aber umso stärker abhängig ist, hat die Arbeit am Abbau von Vertrauen in Institutionen im Verschwörungsdenken eine weitere Konsequenz: die Re-Personalisierung des Vertrauens. Institutionen als Anhaltspunkte für Vertrauen werden durch Personen ersetzt. Man vertraut nicht mehr den Medi-

---

119 Paul Craig Roberts, Die Kriminalisierung der Wahrheit in der westlichen Welt. Uncut news 8. 6. 2023. https://uncutnews.ch/die-kriminalisierung-der-wahrheit-in-der-westlichen-welt/. Paul Craig Roberts war in der Regierung Ronald Reagan stellvertretender Finanzminister.

en, sondern einzelnen alternativen Medienmachern, nicht mehr dem politischen System, sondern einzelnen politischen Führungsfiguren. Es ist leicht zu erkennen, dass dies der Phantasie einer direkten, durch keine Institutionen vermittelten Beziehung zwischen Volk und politischer Führung im Populismus entspricht. Diese Entsprechung stellt sich dadurch her, dass sowohl das Verschwörungsdenken als auch die Logik des Populismus Versionen von Einfachdenken sind (Vobruba 2020: 136 f.): Im einen Fall erklärt die böse Intention die gegebenen sozialen Verhältnisse; im anderen Fall garantiert die gute Intention ein ihr entsprechendes politisches Resultat.

Ambivalenter Staat

Das Verschwörungsdenken hat zum Staat ein gespaltenes Verhältnis. Einerseits bietet der Staat einen gewissen Schutz gegen die globalistischen Mächte. Andererseits ist er ein Instrument der Supermächtigen und überhaupt ein Unterdrückungsapparat, vor allem, weil er demokratisch nicht legitimiert ist. Der Reihe nach.

Der Staat als Schutz wird im Verschwörungsweltbild meist im Zusammenhang mit der Sorge um den Verlust staatlicher Souveränität zu Thema. Diese Sorge ist die Konsequenz aus den alarmistischen Darstellungen aller Arten von transnationalen Entwicklungen. Als gesetzt gilt, dass die „globalistische Agenda böse ist."[120] Die Logik des Verschwörungsweltbildes bündelt alle transnationalen Entwicklungen und Politikansätze zu einem Großprojekt, mit dem supermächtigen Handlungszentrum als Verursacher. Globale Probleme, insbesondere Pandemien und der Klimawandel, werden als Inszenierungen angesehen, um die globalistische Agenda durchzusetzen.

Sie wenden diesen Trick an: Es wird ein weltweites Problem – sei es eine Pandemie, sei es globale Erwärmung – inszeniert, „und da der Planet als Ganzes auf dem Spiel steht, muss die Macht zentralisiert werden, so der Gedanke dahinter."[121] Solche Pläne der „Globalisten" werden in mehreren Varianten vorgetragen, die jedoch alle darin konvergieren, dass alle politischen Kompetenzen mittels Selbstentmachtung der Staaten einer transnationalen Organisation überantwortet werden. Im Zusammenhang mit Vorschlägen zur globalen Regulierung von Pandemien, in denen Erfahrungen aus der Corona-Pandemie verarbeitet

---

120 Brandon Smith, Die Digitalisierung der Menschheit zeigt, warum die globalistische Agenda böse ist. Uncut news 13. 1. 2023. https://uncutnews.ch/die-digitalisierung-der-menschheit-zeigt-warum-die-globalistische-agenda-boese-ist/

121 O. A., Klaus Schwab: Weltregierung ist die einzige Lösung für die Klimakrise. Uncut news 15. 6. 2023. https://uncutnews.ch/klaus-schwab-weltregierung-ist-einzige-loesung-fuer-klimakrise/

werden, wird am häufigsten die WHO verdächtigt, auf diesem Weg die Weltherrschaft anzustreben. Der Beweis: Die WHO behauptet das Gegenteil.[122] „Die Täter scheinen entschlossen zu sein, den ehemaligen Demokratien die Macht zu entziehen und sie an die inkompetente, korrupte und von Gates, anderen Plutokraten und den Pharmakonzernen finanzierte WHO abzutreten."[123] „Die globalistischen Vereinten Nationen (UN) bereiten sich darauf vor, ihre Befugnisse massiv auszuweiten, um einzelne souveräne Nationen zu überstimmen und sich als nicht gewählte Ein-Welt-Regierung zu positionieren."[124] In einer anderen, verwandten Sicht steht die „Übertragung unserer staatlichen Souveränität an die WHO" bevor. „Die Vehikel dazu sind die Änderungen in den Internationalen Gesundheitsvorschriften (International Health Regulations – IHR) sowie dem Pandemievertrag."[125] Und da die Errichtung der Weltherrschaft das zentrale Projekt der globalistischen Supermächtigen ist, begleitet die Sorge vor dem Souveränitätsverlust die gesamte verschwörungsdenkerische Gesellschaftskritik wie ein Schatten.

Mit diesem Blick auf Transnationalisierungstendenzen wird der Staat als konventioneller Träger der Souveränität gegen alle Arten von Transnationalisierung (also: gegen die Intentionen der Globalisten) verteidigt. „Die EU zersetzt Volkssouveränität und zerstört den Gesetzgebungsprozess auf nationaler Ebene".[126] Mit „Volkssouveränität" ist allerdings keine institutionell festgelegte Form des Interessenausgleichs und der politischen Willensbildung gemeint. Vielmehr wird das „Volk" als Träger eines einheitlichen Willens verstanden. Mit der Ausrichtung des Staates auf ein solches traditionales „Volks"-Verständnis wird der souveräne Staat zum Handlungszentrum mit guten Intentionen und umfassendem Handlungsspielraum, und so zum Garanten einer guten Gesellschaft. Dass sich das verschwörungsdenkerische Verständnis von Volkssouveränität gegen die Moderne wendet, lässt sich so deutlich machen: Kombiniert man dieses Verständnis von Volkssouveränität mit der Verachtung für die Mehrheit der Leute, zeichnet sich eine verblüffende Parallele zu Jean-Jacques Rousseau ab, der ebenso beides un-

---

122 Die WHO, die Souveränität und die Realität. Uncut news, 24. 7. 2023. https://uncutnews.ch/die-who-die-souveraenitaet-und-die-realitaet/

123 Dr. Peter F. Mayer, Wie die Vertreter der Staaten der ganzen Welt freudig unsere Souveränität an die WHO übertragen. Tkp 12. 6. 2023. https://tkp.at/2023/06/12/wie-die-vertreter-der-staaten-der-ganzen-welt-freudig-unsere-souveraenitaet-an-die-who-uebertragen/

124 Die Vereinten Nationen bereiten sich auf die Ausweitung zu einer Eine-Welt-regierung vor. Uncut news 17. 7. 2023. https://uncutnews.ch/die-vereinten-nationen-bereiten-sich-auf-die-ausweitung-zu-einer-eine-welt-regierung-vor/

125 Dr. Peter F. Mayer, Vor Übertragung unserer staatlichen Souveränität an die WHO. Tkp 26. 3. 2023. https://tkp.at/2023/03/26/vor-uebertragung-unserer-staatlichen-souveraenitaet-an-die-who/

126 Assoc. Prof. Dr. Stephan Sander-Faes, eImpfpass, soziales Kreditsystem und Tyrannei: Unsere dystopische Zukunft? Tkp 22. 2. 2023. https://tkp.at/2023/02/22/eimpfpass-soziales-kreditsystem-und-tyrannei-unsere-dystopische-zukunft/

ter einen Hut bringt. Zwar postuliert er die moderne Verfassungsidee: „Das den Gesetzen unterworfene Volk muß deren Urheber sein.“ Aber er warnt: „Wie soll eine verblendete Menge, die oft nicht weiß, was sie will, weil sie nur selten weiß, was ihr zum Guten gereicht, durch sich selbst ein derart großes, derart schwieriges Unternehmen ausführen, wie ein System der Gesetzgebung es ist?“ (Rousseau 1762/1977: 42). Was wird daraus erkennbar? Beim „Volk“ handelt es sich um nichts Empirisches, sondern um ein Konstrukt, auf das die traditional-vormoderne Vorstellung eines einheitlichen Gemeinwillen projiziert wird (vgl. auch Loick 2012: 96 ff.). Die Leute sind bei der politischen Willensbildung nicht vorgesehen (Vobruba 2020: 118 ff.). Der Unterschied: Rousseau argumentiert an der Schwelle zum modernen Denken, kann sich aber eines Rests an Tradition noch nicht entledigen. Im Verschwörungsweltbild dagegen werden traditionale Reste revitalisiert und gegen die Moderne gedacht.

Andererseits rückt das Verschwörungsweltbild den Staat in eine eher untergeordnete Stellung. Das ergibt sich schon deshalb zwingend, weil es im Verschwörungsweltbild nur ein Handlungszentrum, in der Realität aber viele Staaten gibt. Folglich muss es eine den Staaten logisch vorgeordnete und machtmäßig übergeordnete Instanz geben. Mit Blick auf die USA: „Es ist auch wichtig zu erkennen, dass Ihre Regierung nicht die letzte Macht ist. Auch unsere Regierungsbeamten nehmen Befehle entgegen, und zwar von dem, was oft als ‚tiefer Staat‘ bezeichnet wird. Dabei handelt es sich … um eine globale, verborgene Machtstruktur, die niemandem Rechenschaft schuldig ist, aber jeden beeinflusst und manipuliert, um eine neue Weltordnung zu schaffen.“[127] Die Überzeugung von der untergeordneten Stellung des Staates gibt Anlass für die Kritik der repräsentativen Demokratie.

„Durch ein ausgeklügeltes System der Gewaltenteilung ist es den Herrschenden in einer Demokratie ohne Anwendung von Gewalt möglich, die Mehrheit der Bevölkerung zu kontrollieren und sicherzustellen, dass wichtige Institutionen immer mit dem eigenen Dienstpersonal besetzt werden. Damit ist der Parlamentarismus strukturell antidemokratisch.“[128] Dass Wahlen nur „inszenierte Täuschungsmanöver“[129] sein können, ergibt sich daraus von selbst. „Wir dürfen zwar zur Wahlurne schreiten, können dort aber nur zwischen solchen Kandidaten wählen, die sich, egal, was sie uns vor den Wahlen versprechen, nach den Wahlen dem Diktat des uns alle beherrschenden Kartells unterzuordnen haben. Außerdem sind wir vor den Wahlen einer Manipulation von nie dagewesenem Ausmaß ausgesetzt“, da besagtes Kartell die wichtigsten Medien „fest in der

---

127 Das Pandemie-Planungsraster. Uncut news 23. 8. 2023. https://uncutnews.ch/das-pandemie-planungsraster/

128 Patrick Münch, Die Delegitimierung des Widerstands. Manova 19. 7. 2023. https://www.manova.news/artikel/delegitimierung-des-widerstands

129 Ernst Wolff, Wahlen: Inszenierte Täuschungsmanöver. apolt 18. 9. 2023. https://apolut.net/wahlen-inszenierte-taeuschungsmanoever-von-ernst-wolff/

Hand hat."[130] Mit der nachgeschobenen Manipulationsbehauptung kann der Misserfolg von Antiimpf-Kleinstparteien erklärt werden, die ja eine Alternative jenseits des Diktats der Herrschenden wären. Oder aber: Sie sind ein besonders raffiniertes Herrschaftsinstrument. Zu dieser Art von Selbstverdacht kommen wir noch.

Im Verschwörungsweltbild kann es nur Fundamentalkritik von Demokratie und Parlamentarismus geben, da die gewählten Politiker in Wahrheit von den Supermächtigen, den wahren Herrschenden, eingesetzt sind und in deren Auftrag und Interesse agieren. „Denn selten war Demokratie mehr Makulatur, Justiz dysfunktionaler und der administrative Tenor totalitärer konnotiert als jetzt. Der Schlussakkord des Kasino-Kapitalismus im Postfaktum des Medienzeitalters geht in einem chaotischen Krisenkanon auf, den korrupte Profiteure eines Finanzsystems anstimmten, das schon 2008 dem immanenten Kollaps geweiht war. Ihre Marionetten im Staatsapparat stimmen willfährig ein."[131] Alles klar?

Da die Supermächtigen böse sind und das politische Personal von ihnen eingesetzt ist, macht es zwangsläufig gegen *Uns* Politik. Das beginnt mit der politischen Sozialisation des Nachwuchses und wird durch verdeckte, heimliche Auswahlverfahren sichergestellt. Dabei wird dem WEF-Young Leaders Programm[132] eine zentrale Funktion zugeschrieben. „Mittlerweile ist eine ganze Politikkaste entstanden, weltweit, die nur in solchen Kategorien denken und handeln kann. Diese Kaste denkt, dass das, was sie tut, völlig normale Politik ist. Sie sind so ausgesucht und trainiert worden, im World Economic Forum. Dieses Forum ist der neue Faschismusmacher. Diesmal weltweit."[133] Der Einfluss der Supermächtigen ist grenzenlos. Niemand wird US-Präsident ohne den Segen der Bilderberger, der Freimaurer oder sonstiger Supermächtiger. Ein Beispiel von unzähligen, hier vom Beginn der Wiederwahlkampagne von Joe Biden im Jahr 2023: „The son of billionaire globalist George Soros has declared his support of Joe Biden's re-election ... leaving little doubt who the puppet president's real masters are."[134] Diese Zwiespältigkeit in der Wahrnehmung des Staates zieht sich durch die gesamte Verschwörungspublizistik. Einerseits rücken die Nationalstaaten angesichts der drohenden Weltherrschaft der Supermächtigen in die Position von Verteidigern individueller Freiheit und „Souveränität". Andererseits wird kritisiert, dass im Staat die Falschen das Sagen haben. Das liegt daran, dass der Staat ein Instrument der

130 Ebd.

131 Tom-Oliver Regenauer, Kakofonie des Korporatismus. Teil 1/2. Rubikon 20. 12. 2022. https://www.manova.news/artikel/kakofonie-des-korporatismus

132 Eine Selbstdarstellung des Forum of Young Global Leaders im Rahme des World Economic Forum findet man hier: https://www.younggloballeaders.org/people

133 Rüdiger Lenz, Gates kapert Deutschland. apolut 14. 7. 2023. https://apolut.net/gates-kaperte-deutschland-von-ruediger-lenz/

134 Niamh Harris, Alex Soros Says Hes Ridin' With Biden. The Peoples' Voice, 30. 4. 2023. https://thepeoplesvoice.tv/alex-soros-says-hes-ridin-with-biden/

Supermächtigen ist. Sie haben die Politiker und ihre Institutionen in der Hand, und die Angst macht die Leute gefügig. Das war der Sinn und Zweck „der „gefälschten Corona-Pandemie."[135] *Sie* richten die Institutionen gegen *Uns*: „Mit brachialer Gewalt verfolgte die Staatsmacht Abweichler."[136] Also verdienen die staatlichen Institutionen keinerlei Vertrauen, denn sie „dienen dabei nicht den Menschen, sondern nur sich selbst."[137]

Am Ende löst sich die Ambivalenz des Staates im Verschwörungsdenken in Pessimismus auf. Inkompetente/abhängige/korrupte Politiker auf der staatlichen Ebene führen ja doch nur das aus, was ihnen von den Supermächtigen befohlen wird. Denn die verschwörungsdenkerische Kritik am Staat speist sich aus der Überzeugung, dass die Politiker „von den tatsächlichen Mächten im Hintergrund"[138] gekauft oder aus irgendwelchen anderen Gründen abhängig sind. Darum lautet der Vorwurf, dass die Staaten von globalistischen Kräften nicht einfach überwältigt werden, sondern dass sie sich selbst entmachten. Die nationalstaatlichen Politiker kollaborieren mit den Globalisten. Diese fundamentale Kritik an den staatlichen Politikern lässt keine Hoffnung, dass mit dem Staat in seiner gegenwärtigen Verfassung als Bollwerk gegen die Absichten der Globalisten zu rechnen ist.

Gibt es einen Ausweg? Es zeichnen sich zwei Möglichkeiten ab. Entweder, man erklärt den Staat für überflüssig, oder man stellt ihn sich fundamental verändert vor.

Zumindest in der eher libertären Spielart von Verschwörungsdenken werden alle Arten von staatlichen Verpflichtungen, bei der Herstellung von Kollektivgütern mitzuwirken, als illegitime Einschränkungen der individuellen Freiheit abgelehnt. Schon, dass der Staat Steuern erhebt, wird als Zumutung gesehen. „An allen Ecken und Enden bereichert sich der Staat an seinen Bürgern."[139] Noch dazu erlässt er Gesetze, die niemand braucht. „Auf philosophischer Ebene ist schon das Gewaltmonopol des Staates fragwürdig" und eine „Anmaßung" des Staates.[140] Die Grundlage dieser Vorstellung negativer Freiheit ist das Recht, „in

---

135 Felix Feistel, Regulieren und Strafen. Rubikon 17. 2. 2023. https://www.manova.news/artikel/regulieren-und-strafen

136 Ebd.

137 Ebd.

138 Assoc. Prof. Dr. Stephan Sander-Faes, Made in China, Designed by …? „Neues" zu den Ursprüngen von Sars-Covid 2. Tkp 11. 6. 2023. https://tkp.at/2023/06/11/made-in-china-designed-by-neues-zu-den-urspruengen-von-sars-cov-2/

139 Felix Feistel, Regulieren und Strafen. Manova 17. 2. 2023. https://www.manova.news/artikel/regulieren-und-strafen

140 Tom-Oliver Regenauer, Die grundlegende Entscheidung. Manova 9. 3. 2023. https://www.manova.news/artikel/die-grundlegende-entscheidung und Felix Feistel, Von der Freiheit. Rubikon 9. 3. 2022. https://www.manova.news/artikel/von-der-freiheit

Ruhe gelassen zu werden."[141] Oder man stellt sich den Staat im Rahmen einer fundamentalen Neuorganisation der sozialen Verhältnisse vor, in der Politik in Gemeinschaft aufgeht: „Die einzig sinnvolle Antwort wäre es, das repräsentative System zu überwinden, und eine Gesellschaft der Selbstverwaltung und Selbstermächtigung zu etablieren."[142] Im Verschwörungsweltbild ist nur Fundamentalkritik am Staat und an der repräsentativen Demokratie möglich. Es stellt alle Reformen unter Generalverdacht und lässt nur Totalrevisionen des Status quo zu. „This mistrust rarely translates into a call for standard practices of political action since the default assumption among their followers is that no change is possible ‚within the system' and hence any form of mainstream political activity is doomed to fail" (Kreissl, Leonhardmair, Scheriau 2018). Partielle Verbesserungen erübrigen sich. Alles muss anders werden.

Verschwörungsdenkerische Zukunftsprojektionen kommen in der Regel ohne staatliche Strukturen aus. Eine gute Zukunft ist schlicht eine Zukunft, in der gute Absichten realisiert sind: „Nicht Zwang, Macht und Profit sollten im Mittelpunkt stehen, sondern die Würde, Selbstbestimmung und Freiheit des Einzelnen und der Gemeinschaft als Ganzes."[143] Darum finden sich in den Verschwörungstexten nur selten ausgearbeitete Vorstellungen von den politischen Institutionen einer wünschenswerten Gesellschaft. Die Gleichung ‚gute Intentionen = gute Effekte' macht Institutionen und erst recht den Staat überflüssig. Den Staat links liegen zu lassen liegt auch deshalb nahe, weil man damit das Dilemma vermeidet, ihn zugleich verteidigen und abzuschaffen zu wollen. Die Alternative dazu besteht darin, sich den Staat fundamental verändert vorzustellen – und das kann nur heißen: den Staat als den Träger umfassend guter Intentionen zu imaginieren. Hier ist eines der seltenen positiven Zukunftsbilder und das einzige mir bekannte, in dem der Staat vorkommt:

„Die Wirtschaft prosperiert und bietet genug Arbeit zu fairen Löhnen. Der Staat dient dem Gemeinwohl und hat alles im Griff: Bildung, Gesundheit, Infrastruktur, Justiz, Finanzen. Es gibt keine Korruption. Parlament und Regierung vertreten die Interessen ihrer Wählerinnen und Wähler. Der Wohlstand ist gerecht verteilt. Alle kommen gut über die Runden und müssen sich keine Sorgen machen. Die Altersvorsorge ist gesetzlich gut geregelt und sicher. Mit anderen Ländern unterhält man freundschaftliche Beziehungen. In vielen Projekten arbeitet man gemeinsam an einer sozial gerechteren und ökologisch nachhaltige-

---

141 Kerstin Chavent, Aufbruch in die Weite. Manova 15. 4. 2023. https://www.manova.news/artikel/aufbruch-in-die-weite-2

142 Felix Feistel, Rechts ist keine Alternative. apolut 11. 4. 2023. https://apolut.net/rechts-ist-keine-alternative-von-felix-feistel/

143 Felix Feistel, Regulieren und Strafen. Manova 17. 2. 2023. https://www.manova.news/artikel/regulieren-und-strafen

ren Welt.“[144] Aber auch hier setzt sich die Handlungslogik des Verschwörungsweltbildes durch. „Der Staat dient dem Gemeinwohl und hat alles im Griff.“ Die Kritik richtet sich nicht gegen politische Herrschaft und Kontrolle, sondern dagegen, dass die Falschen sie ausüben. Das ist der Effekt der Personalisierung im Verschwörungsweltbild. Gute Intentionen würden zum guten Staat führen, wenn *Wir* nur endlich am Ruder wären. Solange aber *Sie* herrschen, kann es nur Veränderungen zum Schlechteren geben.

Innovationen: Eine trojanische Pferdeherde

Grundsätzlich wünscht sich das Verschwörungsdenken fundamental andere soziale Verhältnisse, ist aber sehr skeptisch gegenüber allen Veränderungen. Die Skepsis gegenüber Neuerungen hat einen einfachen Grund, und sie wird nach einem klaren Muster artikuliert. Zuerst der Grund. Da davon ausgegangen wird, dass die Welt von einem bösen Zentrum gesteuert wird, kann alles Neue nur schlecht sein. Skepsis gegenüber Neuerungen ist also in der Logik des Verschwörungsweltbildes fest verankert. Jetzt das Muster. Die Skepsis lässt sich besonders gut an solchen technischen Innovationen ausbuchstabieren, deren Einführung tatsächlich mit ambivalenten Folgen verbunden ist: einerseits Steigerung von Effizienz, mehr Bequemlichkeit etc., andererseits mehr Kontrollmöglichkeiten durch die Preisgabe von persönlichen Daten, Manipulationsmöglichkeiten bis hin zum Zugriff auf den freien Willen. Die Warnungen vor neuen Technologien folgen in der Regel diesem Muster: Die neue Technologie ist bequem, aber wenn man sich auf sie einlässt, eröffnet man den Herrschenden Möglichkeiten der Kontrolle über das gesamte Leben, inklusive die eigenen Gedanken. Bequemlichkeit ist das trojanische Pferd, in dem *Sie* die Instrumente verbergen, die *Uns* kontrollieren.

Beispiel Smartphone: Sie mögen manchmal ja ganz praktisch sein, aber „wahrscheinlich wurde das Smartphone erfunden, um die Gehirne der Gesellschaft abzutöten.“[145] Smartphones sind bequem, bringen *Uns* aber in totale Abhängigkeit. Und sie sind die letzte Stufe vor der Vollendung der biopolitischen Absichten der Supermächtigen. „Smart phones are the precursor of what Klaus Schwab, the founder of the World Economic Forum, accurately and prophetically boasted

144 Guido Biland, Wir sind Idioten! Overton 11. 4. 2023. https://overton-magazin.de/kommentar/politik-kommentar/wir-sind-idioten/

145 Die Digitalisierung ist der Untergang der Menschheit. Die „Smartphonisierung“ der Menschheit. Der QR-Code ist überall! Uncut news 26. 10. 2022. https://uncutnews.ch/die-digitalisierung-ist-der-untergang-der-menschheit-die-smartphonisierung-der-menschheit-der-qr-code-ist-ueberall/

will be ‚the fusion of our physical, our digital and our biological identities' in the rapidly approaching future he has planned for us. Smartphones, therefore, are the technology of our enslavement, and the fact that, knowing all this as more and more of us do, we still — *still* — won't discard them, shows how addicted we are to this technology, how deep it has penetrated into our psychology, and in effect into our biology." [146] Mögliche Zweifel an der Sinnhaftigkeit des Widerstandes gegen das eigene Smartphone werden zum Beweis für die Wichtigkeit dieses Widerstandes – falls man dazu überhaupt noch fähig ist. Hier deutet sich die größte Gefahr an, die das Verschwörungsweltbild zu bieten hat: *Ihr* transhumanistisches Projekt, Mensch und Maschine zu verschmelzen und die humane Ära des freien Willens für immer zu beenden. Dazu kommen wir noch.

Beispiel QR-Codes: Auch hier droht hinter der Verführung durch Bequemlichkeit der Untergang. Es „zeigt ein genauerer Blick auf die optoelektronische Registrationsmaschinerie unserer Zeit, dass die damit einhergehende Effizienzsteigerung, dass der Zugewinn an Bequemlichkeit durchaus seinen Preis hat."[147] Die Warnung vor QR-Codes wird so begründet. Ihre Eigenschaft, Informationen zu komprimieren, macht sie zu idealen Instrumenten der Personenidentifikation und -kontrolle. Dies wiederum senkt den Aufwand für die Durchsetzung herrschaftlicher Standardisierung (kein Zutritt ohne digitalen Impfpass!). „So avanciert der unscheinbare QR-Code unmerklich zum Fahrschein in Richtung Totalitarismus."[148] Noch fundamentaler fällt eine Kritik am QR-Code aus, die man konstitutionstheoretisch nennen könnte: Die Herrschaft, die mittels Digitalisierung ausgeübt wird, erfordert so etwas wie eine binäre Codierung der Wirklichkeit. Daher, so die Schlussfolgerung, wird die Wirklichkeit so zugerichtet, dass sie der Herrschaft durch (der?) Algorithmen zugänglich wird. Erläutert wird dies am „Beispiel Autofarben. In den letzten zwanzig Jahren konnte man auf westlichen Straßen fast ausschließlich Autos in Schwarz und Weiß – und Schattierungen dazwischen – sehen. Echte Farben, wie Rot, Blau und Gelb, sind selten. Zufall? Denken Sie daran, dass es in der heutigen Welt keine Zufälle mehr gibt. Es ist alles geplant. Ein Autohändler sagte mir einmal: ‚Ich kann Ihnen ein rotes Auto besorgen, aber ich muss es bestellen, und es kann mehrere Monate dauern, bis es geliefert wird.'

---

146 Simon Elmer, Why you should destroy your smartphone now. OffGuardian 29. 3. 2023. https://off-guardian.org/2023/03/29/why-you-should-destroy-your-smart-phone-now/ (Zu diesem Text 398 interessante Comments.)

147 Tom-Oliver Regenauer, Das Brandzeichen des Totalitarismus. Rubikon 3. 12. 2022. https://www.manova.news/artikel/das-brandzeichen-des-totalitarismus

148 Tom-Oliver Regenauer, Das Brandzeichen des Totalitarismus. Rubikon 3. 12. 2022. https://www.manova.news/artikel/das-brandzeichen-des-totalitarismus

Dann fuhr er fort, den Grund dafür zu erklären. Die globalistische Matrix liebt Schwarz-Weiß-Denker."[149]

Diese Kritikpunkte lassen sich zu einem Komplex verbinden, vor dem *Wir* gewarnt werden: Smartphones schließen *Uns* QR-Codes auf und an die von *Ihnen* beherrschte Wirklichkeit an. Zugleich wirkt Digitalisierung in dreierlei Weise auf Wirklichkeit: Vordergründig durch Effizienzgewinne und Steigerung der Bequemlichkeit, zentral durch die Perfektionierung von Kontrolle und fundamental durch die digitale Zurichtung der Wirklichkeit selbst.

Beispiel 15-Minuten-Stadt: Die Bequemlichkeit der Leute wird benutzt, um ihnen Überwachung unterzujubeln. Bei der 15-Minuten-Stadt geht es um die Idee, dass von der Wohnung alle relevanten Orte in der Stadt (Arbeitsplatz, Kita, Einkaufen) in höchstens 15 Minuten erreichbar sein sollten (Moreno 2016). Einen Realisierungsversuch findet man etwa in Paris. Im Kern handelt es sich um eine Idee zur Dezentralisierung des Großstadtlebens, unter Umständen kombinierbar mit einem Mautsystem zu Regulierung des Drucks des Individualverkehrs auf Stadtzentren. Im Verschwörungsweltbild wird daraus die Furcht, von den „Schergen des digital-militärischen Komplexes" im eigenen Wohnviertel kaserniert/eingesperrt zu werden: „In Paris und Oxford (Vereinigtes Königreich) wählte sich das dortige Wahlvolk jeweils eine Stadtregierung, die ihre Stadt in eine sogenannte 15-Minuten-Stadt verwandeln will. Dieses vom Kolumbianer Carlos Moreno ersonnene Konzept gehört zur Agenda des Weltwirtschaftsforums (WEF) ebenso wie der Vereinten Nationen (UNO) und sieht vor, dass die Menschen ihr Dasein innerhalb eines Radius von 15 Autominuten fristen – Arbeit, Einkauf, Unterhaltung, Erziehung, Gesundheitsversorgung und was sonst noch alles zum Leben dazugehört."[150] Deutlich wird das Argumentationsmuster „trojanisches Pferd", hier mit Blick auf Oxford: „Oberflächlich betrachtet mögen diese 15-Minuten-Stadtteile angenehm und bequem sein. Aber es gibt auch einen Zwangseffekt. Der Stadtrat plant, die Autonutzung und die Verkehrsbelastung zu verringern, indem er strenge Regeln für Autofahrten aufstellt. Die neuen Vorschläge sehen vor, dass jeder der 150.000 Einwohner Oxfords, der an mehr als 100 Tagen im Jahr mit dem Auto außerhalb des ihm zugewiesenen Bezirks fährt, mit einer Geldstrafe von 70 Pfund belegt werden kann."[151] Und: „Befürworter stellen 15-Minuten-Städte ger-

---

149 Die Digitalisierung ist der Untergang der Menschheit. Die „Smartphonisierung" der Menschheit. Der QR-Code ist überall! Uncut news 26. 10. 2022. https://uncutnews.ch/die-digitalisierung-ist-der-untergang-der-menschheit-die-smartphonisierung-der-menschheit-der-qr-code-ist-ueberall/

150 Willy Meyer, Stadtluft macht unfrei. Rubikon 11. 1. 2023. https://www.manova.news/artikel/stadtluft-macht-unfrei

151 Dr. Peter F. Mayer, Die 15-Minuten-City. Klima Lockdown nach der Art von Corona. Tkp 21. 12. 2022. https://tkp.at/2022/12/21/die-15-minuten-city-klima-lockdown-nach-der-art-von-corona/

ne als ‚menschenzentriert' dar. Aber wir sollten diesen Behauptungen gegenüber skeptisch sein, denn sie scheinen nur von hochrangigen Politikern, wohlhabenden Institutionen und abgehobenen Akademikern zu stammen."[152] Warum sollte es hier anders sein als bei den Absichten der WHO? Wenn *Sie* es behaupten, ist das Gegenteil wahr. „Oberflächlich betrachtet" … – im Verschwörungsweltbild gibt es immer hinter den sichtbaren und deklarierten Absichten andere, böse. Daher kommt auch die Warnung der Abgeordneten zum EU-Parlament Christine Anderson (Fraktion Identität und Demokratie/AfD): „Make no mistake, it's not about your convenience, and it's not about saving the planet. It will be a complete impoverishment and enslavement of all the people."[153] Fallweise wird die 15-Miuten-Stadt mit gated communities assoziiert. In diesem Fall macht das Verschwörungsdenken aus Immobilienprojekten für Reiche, die von ihrer unsicheren Umgebung abgeschirmt werden wollen, Zwangsanstalten, die man nicht mehr verlassen darf.

Letztlich führt die Logik des Verschwörungsweltbildes alles zusammen. Alle Reform- und Innovationsprojekte können nur Bestandteile eines Planes der Supermächtigen sein. „Die digitale öffentliche Infrastruktur (DPI) ist ein Überwachungs- und Kontrollmechanismus, der digitale ID, CBDC, Impfpässe und Daten zur Verfolgung des CO2-Fußabdrucks kombiniert und den Weg für 15-Minuten-Smart Cities, künftige Abriegelungen und Sozialkreditsysteme ebnet."[154] Dass dies ein böser Plan ist, dafür gibt es reichlich Belege: Zitate aus Texten des WEF, ein statement von EU-Kommissionspräsidentin Ursula von der Leyen und eine Erklärung der G20-Staats- und Regierungschefs anlässlich des Treffens in Neu Delhi im September 2023, sowie Zustimmung von Bill Gates. Da im Verschwörungsweltbild die sozialen Verhältnisse das Ergebnis der bösen Intentionen der Supermächtigen sind, kann die Gesellschaftskritik des Verschwörungsdenkens nur Kritik dieser bösen Intentionen sein. Eine Konsequenz davon ist, dass das Verschwörungsdenken kein Verständnis für Institutionen und für systemische Prozesse entwickeln kann. Es gibt keine Analyse von Ambivalenzen laufender Entwicklungen samt Überlegungen, wie sich deren positive Seiten nützen und stärken ließen. Es gibt nur Totalkritik. Es finden sich darum keine Vorschläge für Veränderung von Institutionen, sondern es geht stets um ihre Abschaffung und allenfalls um die völlige Neukonstituierung. Es gibt, wenn man so will, im Anschluss an das Verschwörungsweltbild keinen Reformismus.

---

152 Ebd.

153 Uncut news 3. 5. 2023. https://uncutnews.ch/mitglied-des-europaparlaments-schlaegt-alarm-und-erklaert-den-wahren-zweck-der-15-minuten-staedte/

154 Digitale öffentliche Infrastruktur vereint Digital ID, CBDC und Datenaustausch für eine intelligente Stadtverwaltung in 15 Minuten. Uncut news 14. 9. 2023. https://uncutnews.ch/digitale-oeffentliche-infrastruktur-vereint-digital-id-cbdc-und-datenaustausch-fuer-eine-intelligente-stadtverwaltung-in-15-minuten/

Ebenso gibt es keine Ideen, wie man versuchen könnte, komplexe Prozesse zu beeinflussen. Denkmöglich ist einzig der Austausch der Intentionen, die die Gesellschaft gestalten, von böse zu gut – also: *Wir* werden *Sie* ersetzen. *Wir* wollen einen guten Great Reset.

Insgesamt: Die Tragik der Kritik besteht darin, dass sich im Rahmen des Verschwörungsweltbildes Bedenken nur derart überzogen formulieren lassen, dass die Ambivalenzen von Innovationen aus dem Blick geraten und manche berechtigten Einwände untergehen. „Die Digitalisierung ist der Untergang der Menschheit"[155] – erfährt man im Internet.

155 Uncut news 26. 10. 2022. Die Digitalisierung ist der Untergang der Menschheit. Die „Smartphonisierung" der Menschheit. https://uncutnews.ch/die-digitalisierung-ist-der-untergang-der-menschheit-die-smartphonisierung-der-menschheit-der-qr-code-ist-ueberall/"

VI Extrem gegen die Moderne

Geldkritik

Geld spielt im Verschwörungsweltbild eine wichtige Rolle. Warum? Die Ausgangsthese meiner Untersuchung war, dass Verschwörungsdenken eine Reaktion auf Konstellationen ist, in denen soziale Komplexität in die Alltagswelt der Leute eindringt. Komplexe soziale Sachverhalte werden der Logik der Handlung unterworfen, die im Alltag eingeübt ist und sich dort bewährt. In der Logik der Handlung sind alle Effekte durch ihnen entsprechende Intentionen erklärbar. Die Erklärung komplexer Sachverhalte durch die – ihnen unangemessene – Logik der Handlung nenne ich Einfachdenken. Das Verschwörungsweltbild wird von diesem Denken dominiert. In dieser Perspektive ist Geld ein Medium, das Komplexität in die Lebenswelt einschleust. Dies greift umso direkter, je weniger Möglichkeiten der Eigenversorgung existieren und je mehr die Leute auf Geld existentiell angewiesen sind. Mit der zunehmenden Monetarisierung der Gesellschaft geraten die Lebenschancen der Leute in immer deutlichere Abhängigkeit von Konstellationen auf Arbeits- und Gütermärkten, die ihrerseits wiederum von nicht lokalisierbaren, undurchsichtigen und unbeeinflussbaren Prozessen bestimmt werden (Vobruba 2000: 27 ff.). Existenzprobleme manifestieren sich als Geldprobleme, und Geld wird als ihre Ursache gedeutet. Umständlicher formuliert: Das Einfachdenken verkürzt die Komplexität kapitalistischer Marktverhältnisse auf die Zirkulationssphäre und macht für die lebensweltlichen Probleme, die sich aus der Komplexität ergeben, das Geld und die in seiner Zirkulation Beschäftigten verantwortlich.

Dem Verschwörungsdenken erscheinen die sozialen Verhältnisse als durch und durch materialistisch verdorben. Ein entscheidendes Kennzeichen dafür ist der weit verbreitete Egoismus. Darum ist für das Verschwörungsdenken die Cui-bono-Regel grundlegend: Will man ein soziales Phänomen erklären, muss man danach fragen, wem es nützt. Denn wer den Nutzen aus einem Phänomen hat, hat es verursacht. Mit anderen Worten: Willst Du die Welt verstehen, folge der Spur des Geldes. Die Bereicherungsstrategien der Supermächtigen sind die Ursache, warum die Welt so übel ist. Geld ist im Verschwörungsweltbild also von vornherein negativ konnotiert. Gleichwohl lassen sich im Verschwörungsdenken drei Diskurse unterscheiden, in denen Geld unterschiedlich behandelt wird.

Gerade an dem komplexen Phänomen Geld wird ein Grundzug der Verschwörungspublizistik sehr deutlich. Es beginnt mit dem Hinweis, dass ökonomische Zusammenhänge komplex und schwer zu verstehen sind, und dass genau dies beabsichtigt ist, weil es das System schützt. Dann wird eine einfache Beschreibung dessen angeboten, was die eigentliche Aufgabe von Banken wäre: Die Aufgabe von

Banken besteht schlicht darin, Geld einzusammeln und zu verleihen. Die Banken können und sollten aber nur so viel Geld verleihen, wie ihnen als Sparvolumen anvertraut wurde.[156] „... you deposit your money, gold, with the bank for a fixed period of time. You're paid a fixed amount of interest. The bank lends it out for the same amount of time for a higher rate of interest."[157] (allerdings: interest for a deposit of gold? Hm.) Da aber die Summe der Bankkredite das Sparvolumen weit übersteigt, brechen Banken das Vertrauen der Sparer, weil diese erwarteten, ihr Geld jederzeit abheben zu können. Noch dazu schaffen Banken via Kreditvergabe Geld aus dem Nichts und so „die Scheinrealität eines künstlich aufgeblähten Geldsystems, das die Ahnungslosen in Sicherheit wiegen soll".[158] Fallweise wird in diesem Zusammenhang auch darüber aufgeklärt, dass man als Inhaber eines Sparkontos nicht Eigentümer des darauf verbuchten Geldes, sondern Gläubiger der kontoführenden Bank ist (was stimmt). Da die Stabilität der Banken tatsächlich darauf beruht, dass alle Sparguthaben *nicht* zugleich gekündigt werden, ist dies der (freilich hoffnungslose) Versuch, Vertrauen zu zerstören und einen Banken-run auszulösen, also genau jenes Problem zu erzeugen, vor dem man warnt. Der Kern dieser Variante der Geld-Kritik besteht darin zu monieren, dass es durch keine „echten Werte" (Gold etc.) gedeckt sei, dass die Geldmenge prinzipiell unbeschränkt erweiterbar sei, und dass dieses Geldsystem darum dem (illegalen) Pilotenspiel gleiche, in dem sich die früheren Teilnehmenden auf Kosten der späteren bereichern, bis das Ganze zusammenbricht. „Der Zusammenbruch des Geldsystems ist nur eine Frage der Zeit."[159] Die einzige Möglichkeit, das eigene Vermögen zu retten, sei, in sichere Werte wie Gold zu flüchten.[160] Konsequent führt eine Fundamentalkritik an Geld („leicht herstellbares Staatskonfetti") und Geschäfts-

156 Doug Casey, From Goldsmiths to Central Banks: Doug Casey on the Degradation of the Banking System. https://internationalman.com/articles/from-goldsmiths-to-central-banks-doug-casey-on-the-degradation-of-the-banking-system/

157 Ebd.

158 Lothar Obrecht, Die Ignoranz der Vielen. Manova 15. 4. 2023. https://www.manova.news/artikel/die-ignoranz-der-vielen

159 Ebd.

160 Zum Beispiel: Egon von Greyerz, Zehn Jahre globale Zerstörung: Bereiten Sie sich vor. Von Greyerz beginnt mit einer düsteren Prognose: „Seit mindestens einem Jahrhundert befindet sich die Welt im Prozess der Selbstzerstörung. Da sich der Niedergang beschleunigt, wird die nächste Phase von 5–10 Jahren auch von schweren Zerstörungen geprägt sein – in den Bereichen Politik, Soziales, Wirtschaft und im Bereich Vermögen." Es folgt eine tour d'horizon durch alle Probleme dieser Welt, und es endet bei der Empfehlung, Gold zu kaufen, am besten bei seiner Firma: „Also: Meine eigene Präferenz wäre physisches Eigentum an Gold und Silber, über das ich direkte Kontrolle habe und das ich in kürzester Zeit abziehen oder verkaufen kann. Wichtig ist auch, dass man dabei mit einem Unternehmen zusammenarbeitet, das in der Lage ist, Ihre Metalle in kürzester Zeit zu transferieren, sollte die Sicherheitslage oder geopolitische Situation dies erforderlich machen. Unser Goldtresor in den Schweizer Alpen ist die größte private Tresorlagereinrichtung der Welt, die zudem gegen Atomwaffen geschützt ist ...". https://www.goldseiten.de/artikel/571838–10-Jahre-globale-Zerstoerung~-Bereiten-Sie-sich-vor.html?seite=4

banken (ähneln „staatlich sanktionierten Schneeballsystemen“)[161] zu der Empfehlung, teils in Gold und teils in Bitcoins zu investieren. Ausgerechnet.

Den Supermächtigen ist klar, dass dem gegenwärtigen Geldsystem nicht zu trauen ist, und dass es demnächst untergeht. Darum wiegen sie die Bevölkerungen in Sicherheit und bereiten zugleich einen Coup vor: „Dazu kommt, dass der digital-finanzielle Komplex längst weiterdenkt. Er weiß, dass die Plünderung des Systems nicht endlos fortgesetzt werden kann und lässt deshalb im Hintergrund ein neues System vorbereiten. Es wird finanziell auf digitalem Zentralbankgeld basieren, aber das ist bei weitem nicht alles. Das neue Geld wird begleitet werden von sozialer Kontrolle, wie sie die Welt noch nicht gesehen hat.“[162] Das digitale Zentralbankgeld wird zentral verwaltet und ermöglicht sowohl die Nachverfolgung aller Zahlungen als auch die Koppelung mit Social-credit-Systemen. Zugriff auf das eigene Geld hat dann nur noch, wer sich nach ökologischen, sozialen etc. Maßstäben der Herrschenden wohl verhält. „Die digitale Zentralbankwährung wird die menschliche Freiheit beenden. ... Die digitale Zentralbankwährung ist der umfassendste, weitreichendste, autoritäre Mechanismus zur sozialen Kontrolle, der je entwickelt wurde.“[163]

Der Zusammenhang zwischen Zentralbankgeld (Central Bank Digital Currency, CBDC) und umfassender politischer Kontrolle wird in zahlreichen Texten ausbuchstabiert. Meist geht es um das Erzwingen von Ökologie-konformem Verhalten durch Kontrolle der Konten aller.[164] (Es gibt in dieser Vorstellung keine Girokonten bei privaten Geschäftsbanken mehr.) „Die Absicht hinter CBDCs ist die vollständige Kontrolle der Zentralbanken über die Bevölkerungen. Die zentralen Kontrolleure werden entscheiden, ob, wann und wie Sie Ihr Geld ausgeben dürfen, und können diese monetäre Kontrolle nutzen, um die Einhaltung aller globalen Governance-Agenden zu erzwingen.“[165] In einigen Fällen ist in diesem Zusammenhang von einem bedingungslosen Grundeinkommen die Rede, das nur unter der Bedingung von der Zentralbank ausgezahlt wird, dass man sich den Standards der Herrschenden entsprechend verhält. Die Koppelung von digitalem Geld und Kontrolle fügt sich dem Plan der Supermächtigen, in dem auch die Umweltbewegung mitspielt. „Die Umweltbewegung rudert im Boot der Finanzelite, aber

---

161 Nick Giambruno, De-Banked: Es ist nur eine Frage der Zeit, bis es auch Sie trifft. Uncut news 10. 8. 2023. https://uncutnews.ch/de-banked-es-ist-nur-eine-frage-der-zeit-bis-es-auch-sie-trifft/

162 Ernst Wolff, Frankreich brennt – und der Parlamentarismus zerfällt. apolut 3. 7. 2023. https://apolut.net/frankreich-brennt-und-der-parlamentarismus-zerfaellt-von-ernst-wolff/

163 Iain Davis, Digitale Zentralbankwährungen sind das Endspiel. Uncut news, 9. 3. 2023. https://uncutnews.ch/digitale-zentralbankwaehrungen-sind-das-endspiel-teil-1-iain-davis/

164 Eine abwägende Einschätzung findet man bei Paul 2022.

165 Wie Ihre Zukunft für Sie entschieden wird – Der wahre Grund für die Inflation. Uncut news 27. 7. 2023. https://uncutnews.ch/wie-ihre-zukunft-fuer-sie-entschieden-wird-der-wahre-grund-fuer-die-inflation/

gesteuert wird in den Hinterzimmern der Wall Street und von Davos."[166] Die hierarchische Struktur des Verschwörungsweltbildes ist klar: Mächte im Hintergrund steuern die Finanzelite, die die Umweltbewegung benützt, um auf die Politik zu wirken. Das Bild dazu wäre: eine Hand, die Marionetten bewegt, die Marionetten bewegen, die ...

Die offensivste Variante der Geld-Kritik fordert die Abschaffung des Geldes in jeder Form. Radikal ist dieser Diskurs darin, dass er die Abschaffung in Entwürfe zu einer von Grund auf veränderten Gesellschaft einbettet. Geld, so heißt es hier, ist seinem Wesen nach mit Egoismus, Gier und Machtstreben verbunden. „Man kann mit Geld spekulieren, erpressen und bestechen, Öffentlichkeit und Meinungen formen, Krisen und Kriege provozieren und beeinflussen, sodass man selbst aus diesen reicher hervorgeht."[167] Will man eine Gesellschaft, in der solche Motivlagen nicht bestimmend sind, muss man das Geld abschaffen. Positiv gewendet: Nur mit der Abschaffung des Geldes lässt sich ein Zusammenleben getragen von wechselseitiger Anerkennung, Solidarität und Liebe verwirklichen.

Die radikale Geldkritik führt zu Zukunftsvorstellungen nach dem Modell von Gemeinschaft mit handwerklicher Produktion und Naturalientausch. „In einer Welt ohne Geld übernehmen die Menschen selbst die Versorgung. In lokalen Räten kann die Versorgung mit Nahrungsmitteln organisiert und umgesetzt werden, ebenso wie jene mit Kleidung, Wohnraum, mit Strom, Wasser und Wärme. Die Erzeugung jedoch ist nicht gelenkt oder geleitet. Doch für eine angemessene Versorgung muss die lokale Bedürfnislage ergründet und dann dafür gesorgt werden, dass sich diese in der Wirtschaft wiederfindet."[168] In kleinen, weitgehend autonomen sozialen Einheiten wird über die Produktion, den Arbeitseinsatz und die Verteilung entschieden. „Die Kernfrage ist, welche ökonomischen Regeln gelten, und dabei ist wiederum die Kernfrage, wer über die Investitionen entscheidet. Investitionen schaffen die Zukunft einer Gesellschaft."[169] Diese Fragen können entweder in diskursiv erzeugtem Einvernehmen entschieden werden: „Aber nicht die Eigner der Konzerne entscheiden nach Profitinteresse, wo investiert werden soll und auch kein Apparat aus Elitefunktionären und Parteigängern, sondern die Bevölkerung selbst entscheidet. Das lässt sich nur ver-

---

166 Christoph Pfluger, Falsche Zurückhaltung. Manova 14. 7 2023. https://www.manova.news/artikel/falsche-zuruckhaltung

167 Felix Feistel, Welt ohne Geld. Rubikon 10. 6. 2022. https://www.manova.news/artikel/welt-ohne-geld

168 Ebd.

169 Bertram Burian, Die finale Systemfrage. Rubikon 21. 2. 2023. https://www.rubikon.news/artikel/die-finale-systemfrage-2 Ausgangspunkt dieses Entwurfs einer gesellschaftlichen Alternative ist eine in einem Satz zusammengefasste Kapitalismuskritik à la Stamokap: „Der Staat ist ein Diener des großen Kapitals, des militärisch-industriellen Komplexes, des pharmazeutisch-industriellen Komplexes und so weiter, die alle über Stiftungen und ‚Public-Private-Partnerships' mit der Staatsmacht verfilzt sind, um sie unter Kontrolle zu halten."

wirklichen über völlig unabhängige demokratische Komitees, die nach dem Zufallsprinzip gebildet werden – ähnlich wie bei wirklich unbeeinflussten Geschworenen-Gerichten."[170] Oder die Grundsatzentscheidungen werden an einen wohlwollenden Diktator delegiert. So etwa: „Der Weisenrat ist die höchste Instanz in der Gemeinschaft/Gesellschaft. Er setzt sich aus weisen Menschen zusammen, die bewiesen haben, dass sie nicht mehr von egozentrischen Gedanken, Gefühlen und Emotionen getrieben werden."[171] Damit das Zusammenleben der Zukunft ohne Geld funktioniert, ist freilich ein neues Bewusstsein erforderlich. „In einer Gesellschaft, die das Gemeinwohl in den Mittelpunkt stellt und nicht die Bereicherung Einzelner, ... ist Geld nicht mehr notwendig. Da wir nicht mehr arbeiten, um uns zu bereichern, sondern um unserer Berufung zu folgen, zum Wohle aller Lebewesen, spielt Geld keine Rolle. Wenn wir das Bewusstsein verwirklicht haben, nur das zu benutzen, was wir brauchen, und dies in Übereinstimmung mit dem Allgemeinwohl, ist Geld lächerlich absurd."[172] Die moderne Gesellschaft zerstört Gemeinschaft durch Geld. Die Abschaffung des Geldes beseitigt die Übel der Moderne. Geldkritik und Gemeinschaftssehnsucht sind Grundmuster des Denkens gegen die Moderne.

Einfachdenken und Antisemitismus

Es kann hier unentschieden bleiben, ob Antisemitismus eine spezielle Version von Einfachdenken gegen die Moderne oder ob jedes Einfachdenken gegen die Moderne antisemitisch ist. Zumindest wird man sagen müssen: Die Logik des Einfachdenkens bietet Anschlussmöglichkeiten an den „radikalen Antisemitismus" (Globisch 2013; vgl. Roepert 2022). In manchen Texten werden sie explizit genutzt.

Die Rückführung von allem Übel dieser Welt auf ein mächtiges, „diabolisches" Handlungszentrum ergibt die schroffe Unterscheidung zwischen *Sie* und *Wir*, wobei – wie schon gesagt – dieses *Wir* in die kleine Gruppe der Aufgewachten und die überwiegende Mehrheit der Schlafenden gespalten ist. Aber diese Spaltung ist nur vorläufig und soll ja überwunden werden. Gerade weil das *Wir* einstweilen noch gespalten ist, wird seine Identität durch die negative Referenz auf das *Sie* von den „Aufgewachten" stabilisiert. Dies stellt eine Strukturanalogie zum modernen Antisemitismus dar (Holz, Haury 2021: 15), ist aber per se nicht antisemitisch. Die Sachlage ändert sich, sobald das *Sie* mit Chiffren bezeichnet

170 Karsten Ramser, Visionen für eine neue Gesellschaft. Rubikon 23. 2. 2023. https://www.rubikon.news/artikel/visionen-fur-eine-neue-gesellschaft

171 Ebd.

172 Ebd.

wird, die antisemitische Ressentiments abrufen: „giergesteuerte Wirtschaft“[173], „Herrschaft des Finanzkapitals“[174], „US-Ostküsten-Establishment“[175], die „globalistischen Kapitalgruppen“[176], „die Hochfinanz“[177]. Als Ursache allen Übels werden miteinander global verflochtene, „zum Schaden der Allgemeinheit“ verdeckt agierende Investoren identifiziert. „‚BlackRock‘ & Co nutzen die jeweiligen Vorteile der Standorte. In diesen breitet sich bei der Mehrheit, auch im Mittelstand, die Armut aus, die Volkswirtschaften schrumpfen.“[178] Gemeinsam ist solchen Texten, dass den Rezipienten der letzte Schritt zum offenen „Antisemitismus als antimodernes Ressentiment“ (Kiess 2021) überlassen bleibt. Aber auch den gibt es im Verschwörungsweltbild. Juden werden vorgestellt entweder als der Kritik enthobene Einflüsterer oder als durch ihren Reichtum Mächtige. Tatgehilfen oder Täter.

Juden als Einflüsterer: Vorangestellt wird eine Argumentationsfigur des neurechten Antisemitismus, die Holz und Haury (2021: 360) „Schuldabkapselung“ nennen: „Zwölf Jahre der deutschen Vergangenheit wirken wie ein Graben, der nur schwer überwunden werden kann. Die Schuld hindert uns daran, uns in unserer eigenen Geschichte zu verankern. Wir sind wie wurzellose Bäume ... So hat, wer ohne Wurzeln lebt, weder Vergangenheit noch Zukunft.“[179] Dann wird der israelische Historiker Yuval Noah Harari vorgestellt als „gern gesehener Gast beim Weltwirtschaftsforum“ und „als jüdischer, veganer, meditierender und mit einem Mann verheirateter Philanthrop, der wie Bill Gates mit seinen Unternehmen ‚die Probleme dieser Welt lösen will‘ ... Er ist unkritisierbar“[180] und „darf die eugenische Ideologie wieder den Massen schmackhaft machen.“[181] – „Wieder“ ? In einem an-

---

173 Dirk C. Fleck, Das Opfer der Freiheit. Rubikon 14. 10. 2019. https://www.manova.news/artikel/das-opfer-der-freiheit

174 Felix Feistel, Der Souverän in Bewegung. Rubikon 3. 3. 2022. https://www.manova.news/artikel/der-souveran-in-bewegung

175 Birgit Naujeck, Welthunger als politische Waffe. Rubikon 22. 7. 2022. https://www.manova.news/artikel/welthunger-als-politische-waffe

176 Eric Angerer, Die bewegungslose Gesellschaft. Rubikon 27. 4. 2022. https://www.manova.news/artikel/die-bewegungslose-gesellschaft

177 Assoc. Prof. Dr. Stephan Sander-Faes, Machtergreifung der Konzerne – in der UNO. Tkp 7. 8. 2023. https://tkp.at/2023/08/07/machtergreifung-der-konzerne-in-der-uno/

178 Werner Rügemer, Das Vermögensgeflecht. Rubikon 19. 8. 2022. https://www.manova.news/artikel/das-vermogensgeflecht

179 Kerstin Chavent, Eine lange Geschichte der Menschheit. Rubikon 15. 7. 2022. https://www.rubikon.news/artikel/eine-lange-geschichte-der-menschheit Dieser Titel variiert Hararis Buch „Eine kurze Geschichte der Menschheit“ (Harari 2015). Zugleich lädt der Hinweis auf die „lange Geschichte“ dazu ein, die Bedeutung der Jahre von 1939 bis 1945 zu relativieren (zum Kontext Holz, Haury 2021: 308 ff.).

180 Ebd.

181 Milosz Matuschek, Wir Überzähligen. Manova 4. 5. 2023. https://www.manova.news/artikel/wir-uberzahligen

deren Text ist Yuval Noah Harari „der gewiefte und nicht gerade warmherzig wirkende Militärhistoriker“, der mit „durchdringendem Blick“[182] das Ende des freien Willens verkündet.

Juden als durch Reichtum Mächtige: Klassisch ist die Rede von den „von der City of London mit dem US-Ostküsten-Establishment geleiteten Vereinten Nationen.“[183] Ebenso „Rothschild“. Die Chiffre steht für einen Reichtum, der sowohl ein Leben in Saus und Braus ermöglicht als auch uneingeschränkte politische Macht garantiert. „Obwohl die Rothchild-Familie [sic] in der Presse nie erwähnt wird, wenn es um die reichsten Menschen der Welt geht, ist sie wahrscheinlich die mit Abstand reichste. Vor zehn Jahren wurde ihr Nettovermögen auf etwa 100 Billionen Dollar geschätzt. Heute könnte es fast 1 Quadrillion Dollar betragen. Ihnen gehört die Hälfte der Zentralbanken der Welt.“[184] Wieder kann man die – wenn man so will – Tragik der verschwörungsdenkerischen Kritik erkennen. Das drängende Problem wachsender sozialer Ungleichheit verschwindet hinter den sich überschlagenden Beschreibungen von persönlichem Reichtum und Luxus. „So besitzt zum Beispiel die Familie Rothschild derzeit etwa 1.800 Immobilien in Europa und England. Wert: 36 Milliarden. Daneben nennt die Familie 55 Yachten, 10 Privatjets und 13 Luxushotels ihr Eigen. In den hauseigenen Banken schlummern 70 Milliarden US-Dollar an Cash-Reserven, und der Rothschild-Aktienfonds, mit dem die Familie an jedem größeren Unternehmen auf dieser Welt beteiligt ist, verfügt über ein Budget von weiteren 100 Milliarden Dollar. Insgesamt kam der Rothschild-Clan im Jahr 2021 auf einen Nettowert von 480 Milliarden US-Dollar“.[185] Die Überschrift eines anderen Textes lautet: „Das Vermögen der Familie Rothschild ist fünfmal so groß wie das der 8 größten Milliardäre der Welt zusammengenommen.“[186]

In der „materialistischen Gesellschaft“ – so wird die Gesellschaft der Moderne im Verschwörungsdenken gerne apostrophiert – disponiert immenser Reichtum zu unbeschränkter Macht. Von den Beschreibungen jüdischen Reichtums führt darum ein kurzer Weg zu Phantasmen einer jüdischen Weltherrschaft. Personen

182 Gerald Ehegartner Die Abschaffung des Menschen. Rubikon 9. 9. 2022. https://www.rubikon.news/artikel/die-abschaffung-des-menschen

183 Birgit Naujeck, Welthunger als politische Waffe. Rubikon 22. 7. 2022. https://www.manova.news/artikel/welthunger-als-politische-waffe

184 Die Globalisten führen einen Krieg um die Welt: Alex Jones schlüsselt den Great reset auf. Uncut news 10. 4. 2023. https://uncutnews.ch/die-globalisten-fuhren-einen-krieg-um-die-welt-alex-jones-schlusselt-den-great-reset-auf/https://uncutnews.ch/die-globalisten-fuhren-einen-krieg-um-die-welt-alex-jones-schlusselt-den-great-reset-auf/

185 Tom-Oliver Regenauer, Spätrömische Dekadenz. Rubikon 23. 7. 2022. https://www.manova.news/artikel/spatromische-dekadenz

186 https://uncutnews.ch/das-vermoegen-der-familie-rothschild-ist-fuenfmal-so-gross-wie-das-der-8-groessten-milliardaere-der-welt-zusammengenommen/

oder Familien jüdischer Herkunft werden in die Position des Handlungszentrums der Gesellschaft eingesetzt, und der Zusammenhang von Macht, Zuschreibung von Verantwortung für alle Übel der Moderne, Schuld-Vorwurf und Selbstlegitimation zur Gegenwehr ist hergestellt. „Seit 1789 beeinflusst der unvorstellbar reiche Clan den Lauf der Welt in nie gekanntem Ausmaß – und das bis heute meist im Verborgenen. ... Diese Einflussnahme macht das Haus Rothschild seit Langem zur Zielscheibe von Kritikern. Und zwar zu Recht. Denn es handelt sich auch in diesem Fall – ganz banal – um organisierte Kriminalität. Dabei spielt überhaupt keine Rolle, dass die Familie jüdische Wurzeln hat, auch wenn das natürlich die gängige Verteidigungsstrategie des Clans und seiner Unterstützer ist – jedem Kritiker der Rothschilds die Antisemitismus-Keule überzuziehen."[187] Noch einen Schritt weiter geht die Strategie der Selbstentlastung vom Vorwurf des Antisemitismus durch die Behauptung, man habe nicht gewusst, dass man von Juden spreche. Diese Strategie wählte die US-Kongressabgeordnete Majorie Taylor Green (Rep.). Sie „behauptete, die Waldbrände in Kalifornien seien durch von den Rothschilds und anderen finanzierte Weltraumlaser verursacht worden. Er [sic] wurde des Antisemitismus beschuldigt, woraufhin er [sic] erklärte, er [sic] habe erst später erfahren, dass die Rothschilds Juden seien."[188]

Warum ist der Weg vom Verschwörungsdenken zum Antisemitismus so kurz? Das Verschwörungsweltbild ist der Versuch, gegen die Komplexität der Moderne Einfachdenken zur Geltung zu bringen. Einfachdenken erklärt die Welt nach der Logik der Handlung, bedeutet also Personalisierung. Werden die sozialen Verhältnisse als von einem überlegenen Machtzentrum, von den Supermächtigen, bewirkt verstanden, bedeutet die Personalisierung zugleich die Benennung von Schuldigen. Dieses „Muster der antimodernen Kritik der modernen Gesellschaft" (Weyand 2016: 309) ist nicht mit Antisemitismus gleichzusetzen. Denn „dieses kognitive Schema der Weltdeutung geht weit über den Antisemitismus hinaus" (Weyand 2016: 327). Aber es ist für Antisemitismus anschlussfähig. „Im Antisemitismus werden die Juden als Verursacher der modernen Gesellschaft verstanden, soweit die Modernität der Gesellschaft abgelehnt wird. ... Im Antisemitismus wird aus dem personalisierten Kapital ... der Finanzkapitalist" (Holz, Haury 2021: 22, 23). Antisemitismus ist die aggressivste Version des Denkens gegen die Moderne.

---

187 Tom-Oliver Regenauer, Tragik und Hoffnung. Rubikon 8. 7. 2022. https://www.manova.news/artikel/tragik-und-hoffnung; vgl. Tom-Oliver Regenauer, Das Testgelände. Manova 3. 6. 2023. https://www.manova.news/artikel/das-testgelande

188 Uncut news 18. 9. 2023. The Economist (Rothschild) beklagt: „Verschwörungstheoretiker sind besessen von der Familie Rothschild". https://uncutnews.ch/the-economist-rothschild-beklagt-verschwoerungstheoretiker-sind-besessen-von-der-familie-rothschild/
Der Klammerausdruck im Titel soll besagen, dass Rothschilds Eigentümer der Zeitschrift sind. Tatsächlich handelt es sich um einen Minderheitenanteil (The Economist Sept 16th–22nd 2023: 70 f. und Rothschild 2023).

„In der Weltpolitik sollte Russland immer noch als das Land angesehen werden, das den Willen des Hauses Rothschild für eine neue Aufteilung der Welt ausführt …“[189] Der Rekurs auf das supermächtige Handlungszentrum im Verschwörungsweltbild macht gesellschaftliche Entwicklungen in jeder Größenordnung einfach (im Sinn von Einfachdenken) erklärbar. „Hier geht es um eine neue Weltordnung, in der die Macht auf supranationale Institutionen, hinter denen eine elitäre Schicht Superreicher mit Verbindungen zu multinationalen Unternehmen steht, übertragen und dafür den Nationalstaaten genommen wird.“[190] Solche radikalen Machtprojektionen auf „die“ Juden sind eher eine Angelegenheit von bekennenden Antisemiten, lassen sich aber als abgeschwächtes Echo in der Normalbevölkerung nachweisen. Der Sachsen-Monitor 2021/2022 zum Beispiel dokumentiert aus einer repräsentativen Befragung: 22 % stimmen dem Satz zu: „Juden versuchen heute, Vorteile daraus zu ziehen, dass sie während der Nazi-Zeit die Opfer gewesen sind.“ Und 16 % dem Satz: „Juden haben zu viel Macht in der Welt.“ (Dilling, Kiess, Decker 2023: 25)

Ein Verschwörungstext als Antisemitismus-Trigger

Jetzt geht es um einen Text, in dem gegen die Kritik am Antisemitismus polemisiert und der Antisemitismus-Vorwurf umgekehrt wird. Erst wird durch die Anleihe beim legendären antisemitischen Wiener Bürgermeister Karl Lueger (1844–1910): „Wer ein Jud ist, das bestimme ich“, im Untertitel sarkastisch der Ton gesetzt: „Aus Anlass einer Frankfurter Konzertabsage: Was Judenfeindschaft ist, bestimmen wir. Das gebietet uns eine ‚niemals verhandelbare Staatsräson‘“ [191]. Dann wird der angeblich weit verbreitete „Anti-Antisemitismus“ („auf rechter und linker Seite sowie in der gesellschaftlichen Mitte“) anhand einiger Fälle von öffentlichen Antisemitismus-Vorwürfen stilisiert. Zugleich wird die „nationale Mitverantwortung“ für den Holocaust, der als „dieses historische Unikat“ bezeichnet wird, für „moderne deutsche Staatsbürger“ zurückgewiesen, und Kritik am Staat Israel wird gegen Antisemitismus ausgespielt. Der Anti-Antisemitismus sowie eine kritiklose Solidarität mit Israel seien so staats- und identitätstragend, dass sie sich verselbständigt haben: „Ein solcher Antisemitismus, der glatt ohne

---

189 Uncut news 27. 12. 2022. Tschechische Medien: Die Globalisten auf der Titelseite von The Economist sagen den Energietod der Bevölkerung bis 2023 voraus und noch einiges mehr. https://uncutnews.ch/tschechische-medien-die-globalisten-auf-der-titelseite-von-the-economist-sagen-den-energietod-der-bevoelkerung-bis-2023-voraus-und-noch-einiges-mehr/

190 Peter Frey, Die Krisenprofiteure. Rubikon 27. 7. 2022 https://www.manova.news/artikel/die-krisenprofiteure.

191 Alle Zitate in diesem Abschnitt: Georg Schuster, Vom deutschen Anti-Antisemitismus. Overton 21. 4. 2023. https://overton-magazin.de/top-story/vom-deutschen-anti-antisemitismus/

Bezug auf das Judentum auskommt und z. B. ‚Finanzeliten' kritisiert, hört daher auf den Namen ‚strukturell'". So weit, so gewöhnlich. Aber hier interessiert nicht nur der Text, es geht auch um die Reaktionen.

Die 52 Kommentare zu dem Text ergeben ein gemischtes Bild. Der überwiegende Tenor ist Ablehnung des Textes. An einem mittlerweile gelöschten Kommentar unter dem Nickname „Facherfahrener" (Stand 30. 4. 2023) wird allerdings das Radikalisierungspotential deutlich, das in solchen Texten steckt: „Wenn man die jüdische Propaganda hört, entsteht zwangsläufig der Verdacht, Adolf hätte nur Juden umbringen lassen. Andere Opfer gibt es nicht!! Wobei die Juden schon seit Jahrhunderten mit ihrem Kapital die Weltherrschaft beanspruchen. Nur einen Namen zu nennen – Rothschilds – finanzierten schon die Monarchie in Europa, wie auch Heute unzählige Kriege ... Und dann traut sich der Jude auch noch die militärische Unterdrückung als ‚Selbstverteidigung' zu nennen??? Warum akzeptieren die Juden keine zwei-Staaten Lösung nicht????? Gefallen sie sich selbst als ‚Besatzer' besser? Am Krieg verdienen die Juden besser als am Frieden!!!!! Ich bin wirklich nicht gegen die Juden, aber die Rechte die man für sich selbst fordert anderen zu verwehren ist schon bedenklich!!" Darauf reagierte ein anderer Kommentar. „B. Hohl sagt: Sie schreiben: ‚Wobei die Juden schon seit Jahrhunderten mit ihrem Kapital die Weltherrschaft beanspruchen.' Das ist in [sic] nun wirklich ein Satz, mit dem sich die Staatsanwaltschaft beschäftigen müsste! Sie sollten die Overton-Redaktion dringend bitten, Ihren Kommentar schnellstmöglich zu löschen, ansonsten erstatte ich Anzeige!" Dass sein Kommentar tatsächlich gelöscht wurde, kommentiert „Facherfahrener" dann so: „Wenn man unangenehme Sachen nicht aussprechen kann, wird es auch nie Frieden geben. Denn die Löschung meines Kommentars bestätigt nur die Jüdische Herrschaftsabsicht über die gesamte Menschheit, was noch nie gut gegangen ist. Reichen 2 Weltkriege immer noch nicht ????".

Der Ausgangstext hat mit seinen schwach verdeckten Chiffren das antisemitische Ressentiment so stark getriggert, dass es kein Halten mehr gibt: Ganz in der Logik des Verschwörungsweltbildes endet die Erklärung des „Facherfahrenen" bei einer Macht-Geld-Spitze der Gesellschaft. Kurzformel „Rothschild" oder „der Jude". Und ebenso integriert diese Logik auch noch die Löschung des Kommentars. Drei empörte Gegenkommentare.

Der Faschismus-Vorwurf

Meist werden in der Verschwörungspublizistik die politischen Verhältnisse ohne weiteren Begründungsaufwand als „faschistisch" oder „korporativ-faschistisch" bezeichnet. Es sei ein „Staatsstreich der Globalfaschisten“[192] unterwegs. Und die „von der City of London mit dem US-Ostküsten-Establishment geleiteten Vereinten Nationen“ hätten mit dem Programm „Transforming the World: The 2030 Agenda for Sustainable Development“ „die praktisch unverhüllte Roadmap zum globalen Sozialismus und faschistischen Korporatismus“[193] veröffentlicht. Was auch immer mit dem Text genau gemeint sei mag, „US-Ostküsten-Establishment“ triggert die Lesart: Reiche Juden organisieren den neuen, dieses Mal weltweiten Faschismus.

Die Autorinnen und Autoren von Verschwörungstexten beklagen regelmäßig, Antisemiten genannt und in die Nähe von Faschisten gerückt zu werden. Man habe sich keinerlei „Kontaktschuld“ vorzuwerfen, bloß weil in einer Anti-Corona-Demo auch ein paar Rechtsradikale mitliefen oder weil man sich mit AfD-Leuten auf einem Podium wiederfinde. Vielmehr stünde hinter solchen Vorwürfen der Versuch, legitime „Meinungen“ zu unterdrücken – und genau das erinnere an „überwunden geglaubte, dunkle Zeiten“ in Deutschland; genau dies sei praktizierter Faschismus. Unter dem Titel „Feind hört mit – die Nazis sind auferstanden“ schreibt der Herausgeber der „Nachdenkseiten“: „Mit dem Nazivergleich soll man vorsichtig umgehen. Das weiß ich. Aber zurzeit sind Nazis dem Sinne und dem Geiste nach wieder mitten unter uns. Es ist zum Beispiel unglaublich, mit welcher Selbstverständlichkeit eigenständiges Denken und Toleranz begraben werden. Kritischen Geistern wird die Möglichkeit, ihre Meinung und ihre Informationen zu verbreiten, entzogen bzw. erschwert.“ ... „Zur Camouflage werden die Nazis heute grün oder schwarz oder sogar rot angestrichen. Die modernen Nazis bezeichnen sich als links und ihre Gegner als rechts. Verkehrte Welt im eigentlichen Wort Sinne“[194]. Genau dieser Vorwurf, dass der Mainstream die Deutung der Realität verkehrt, ist grundlegend. „Dieselben faschistoiden Muster, die man bei der damaligen Generation kritisiert, leben viele der selbst ernannten ‚Nazijäger‘ in den Narrativen der zeitgenössischen Massenbildungen, Klima, Corona, Ukraine, hemmungslos aus.“ [195] Damit wird der Faschismus-Vorwurf auf die Mächte umadressiert, denen der Status quo zugerechnet wird.

Das Umdrehen des Faschismus-Vorwurfs im Verschwörungsweltbild hat mehrere Effekte. Erstens lassen sich durch das Umkehren diverse Autoritäten

---

192 Ullrich Mies, Staatsstreich der Globalfaschisten. Rubikon 12. 7. 2022 und 16. 7. 2022. https://www.manova.news/artikel/staatsstreich-der-globalfaschisten und https://www.manova.news/artikel/staatsstreich-der-globalfaschisten-2.

193 Birgit Naujeck, Welthunger als politische Waffe. Rubikon 22. 7. 2022. https://www.rubikon.news/artikel/welthunger-als-politische-waffe.

194 Albrecht Müller, Feind hört mit – die Nazis sind auferstanden. Nachdenkseiten 14. 12. 2023. https://www.nachdenkseiten.de/?p=91591 Analog: Tom Reimer, Hatten wir einen Corona-Faschismus? Tkp 28. 4. 2023. https://tkp.at/2023/04/28/hatten-wir-einen-corona-faschismus/

195 Raymond Unger, Selbstzerstörung als Erlösungsphantasie. Manova 4. 5. 2023. https://www.manova.news/artikel/selbstzerstorung-als-erlosungsfantasie

für die verschwörungsdenkerische Kritik des Status quo in Anspruch nehmen. Wenn die gegenwärtigen politischen Verhältnisse eine Version von Faschismus sind, kann man sich mühelos auf prominente Autoritarismus-Analysen beziehen und große Namen für die eigene Sache herbeizitieren. Ein weiterer Vorteil: Aus der Umkehrung des Faschismus-Vorwurfs ergeben sich direkte Anschlussmöglichkeiten an die Russische Propaganda im Ukraine-Krieg: Der Westen und insbesondere Deutschland sind faschistisch, was sich auch an der Parteinahme und Unterstützung für die Ukraine und ihr angeblich faschistisches Regime zeigt. Fallweise wird dieser Vorwurf, explizit anknüpfend an offizielle russische Quellen, direkt mit der NS-Zeit verknüpft: „Western Bloc 1943–2023: From Judenfrei to Russenfrei“ (Deutsch im Original).[196] Schließlich könnte auch eine gewisse Selbstvergewisserung eine Rolle bei der inflationären Verwendung des Faschismus-Vorwurfs spielen: Wer andere als faschistisch kritisiert, kann selbst unmöglich faschistisch sein. Diese Selbstvergewisserung kann immer dann praktisch relevant werden, wenn man sich bei öffentlichen Auftritten, Demos etc. gemeinsam mit offensichtlichen – und bekennenden – Faschisten, Neonazis, Reichsbürgern zeigt. Man versucht so, jeglicher Zuweisung von „Kontaktschuld“ den Boden zu entziehen. Die Selbstwürdigung der Tradition der Demonstrationen gegen Corona-Maßnahmen mündet in eine perfekte Kombination aus Entsorgung der Vergangenheit und Umkehrung des Faschismus-Vorwurfs: Wir „überwanden die eigene Schande ferner Zeiten, machten weltweit den Anfang und wetzten damit die Scharte der 12 düsteren Jahre zwischen 1933 und 1945 aus, die damit nun in einer fernsten Vergangenheit liegen und in der Gegenwart keine entscheidende Rolle mehr spielen. Deutsche besiegten den aufkeimenden und extremistische [sic] ausgreifenden Neofaschismus und sind jetzt wieder wer.“[197] Das ist die Selbstbestätigung des eigenen Nicht-Faschismus.

Die Umkehrung des Faschismus-Vorwurfs ist ein besonders krasser Fall der Anwendung des allgemeinen Argumentationsmusters der Realitätsumkehrung.

Umkehrungen, Wirklichkeitsverlust

Konstitutives Element der verschwörungsdenkerischen Realitätsumkehr ist es, den Vorwurf der Realitätsumkehr zu erheben. Um das Verschwörungsweltbild entfalten zu können, muss erst einmal die Grundlage dafür geschaffen werden: Die Herrschenden haben unser Wirklichkeitsbild umgedreht. Das Gegenteil

---

196 Declan Hayes, Western Bloc 1943–2023: From Judenfrei to Russenfrei. Strategic Culture Foundation, 18. 4. 2023. https://www.sicht-vom-hochblauen.de/westlicher-block-1943-2023-von-judenfrei-zu-russenfrei-von-declan-hayes

197 Anselm Lenz, Die kommende Großdemonstration. apolut 2. 8. 2023. https://apolut.net/die-kommende-grossdemonstration-von-anselm-lenz/

von allem ist wahr. „Alles steht Kopf".[198] „Man kann die Politik in Deutschland nicht mehr verstehen, wenn man nicht erkennt, dass durch die führenden Regierungsmitglieder nahezu alles auf den Kopf gestellt bzw. in sein Gegenteil verkehrt wird."[199] Darum ist für das Verschwörungsdenken jedes Statement der Herrschenden der Beweis für seine Falschheit.

Die Umkehrung der Realitätsdeutungen folgt aus dem Verschwörungsweltbild und sichert zugleich seine Stabilität. Zum einen ist klar, „dass die Propaganda der Herrschenden ungeheuer bemüht ist, alles, was es an gesellschaftlichen, politischen und kulturellen Phänomenen gibt, in sein Gegenteil umzudefinieren."[200] Dass dies gelingt, ergibt sich aus der schieren Macht der Supermächtigen. Zum anderen stabilisiert diese Überzeugung das Verschwörungsweltbild. Würde das Verschwörungsweltbild nicht die A-priori-Gewissheit liefern, dass die Mainstream-Deutungen falsch sind, man müsste verzweifeln. Denn Hoffnung, das Verschwörungsweltbild bei einer breiten Mehrheit durchzusetzen, besteht nicht. Die Klagen über eine verkehrte Welt, über eine Welt, die Kopf steht, bezeugen das Leiden an der eigenen Randständigkeit.

Die Gesundheit wird durch die Gesundheitspolitik gefährdet. Die „Anti-Antisemiten" treiben genau das, was sie den Antisemiten vorwerfen, indem sie es ihnen vorwerfen. Die Umwelt wird genau von der Art Umweltpolitik zerstört, die die Mächtigen propagieren und betreiben. „Klimaschutz bedeutet Umweltzerstörung."[201] Und die wahren Umweltschützer sind *Wir*, die Guten. Solche Umkehrungen erinnern an die „Sinnverkehrung", ein Muster reaktionärer Rhetorik (Hirschman 1992: 24 ff.). Es gibt aber einen entscheidenden Unterschied. Sinnverkehrung bedeutet, dass behauptet wird, hinter dem Rücken einer gut gemeinten Intention setze sich ein nicht beabsichtigter Effekt durch. Der Wohlfahrtsstaat will den Armen helfen, setzt aber falsche Anreize und macht sie darum im Effekt noch ärmer. Eine solche Differenz, die prozesshaft zwischen Intention und Effekt entsteht, kann es im Verschwörungsweltbild nicht geben. Für sein Einfachdenken – um daran zu erinnern – ist ‚Intention = Effekt' gesetzt. Darum kann es dem Verschwörungsdenken nicht darum gehen, Mechanismen zu eruieren, in denen aus guten Intentionen üble Effekte werden. Vielmehr geht es darum, die üblen Intentionen aufzudecken, die hinter den guten Absichten stehen, die darum nur vorgeschützt sein können. Der Beweis für die üblen Intentionen sind die als übel angesehenen Effekte, die mit eben diesen Intentionen

198 Gerald Ehegartner, Alles steht Kopf. Manova 1. 6. 2023. https://www.manova.news/artikel/alles-steht-kopf

199 Dr. André Kruschke, Wer regiert die Demokratie? apolut 26. 9. 2023. https://apolut.net/wer-regiert-die-demokratie-von-dr-andre-kruschke/

200 Michael Sailer, Verkehrte Welt. Manova 11. 8. 2023. https://www.manova.news/artikel/verkehrte-welt-2

201 Thomas Oysmüller, Wie die UN/WEF-Agenda 2030 die Umwelt zerstört. Tkp 9. 8. 2023. https://tkp.at/2023/08/09/wie-die-un-wef-agenda-2030-die-umwelt-zerstoert/

erklärt werden. An diesem Punkt wird wieder deutlich, dass sich dem Rahmen des Verschwörungsweltbildes kaum entkommen lässt, da seine zirkulären Erklärungen alles integrieren. Dass die Welt auf dem Kopf steht, artikuliert aus der Perspektive des Verschwörungsweltbildes die Klage, dass die Mainstream-Realität für die ganz überwiegende Mehrheit ja doch die Realität ist. Das erinnert stark an den Geisterfahrer auf der Autobahn, der die Warnung im Verkehrsfunk, ein PKW komme auf der falschen Fahrbahn entgegen, so kommentiert: Was heißt da einer? Alle! Die Verschwörungsdenkerische Umkehrung der Realität hat hohe Kosten: Es droht der Verlust der Wirklichkeit.

Das Verschwörungsdenken fühlt sich vom radikalen Konstruktivismus angezogen.[202] „Die soziologische Theorie von der sozialen Konstruktion dürfte als bewiesen gelten."[203] Die Vorstellung, die Welt sei nichts weiter als eine Konstruktion, hat zwei Vorteile. Erstens ergibt sich daraus eine gewisse epistemische Beliebigkeit. Die benötigt das Verschwörungsdenken. Denn wenn es schon nicht gelingt, die Mehrheits-Realität durch das Verschwörungsweltbild zu ersetzen, kann man zumindest versuchen, es als gleichwertige Alternative zu etablieren. In diese Richtung lässt sich mit zwei komplementären Strategien arbeiten: Aufwertung der eigenen Realität und Abwertung der Realität der anderen. Und zweitens lenkt die Vorstellung, Realität sei nichts als eine Konstruktion, die Aufmerksamkeit auf wissensfremde Determinanten des Wissens und bietet damit Ansatzpunkte für Entlarvungen von dahinter wirkenden (verdächtigen) Interessen. Aber es hilft alles nicht. Denn soziale Konstruktion bedeutet nicht Beliebigkeit (Berger, Luckmann 1969; Hacking 1999). Jedenfalls in der Soziologie war immer schon klar, dass Wirklichkeit zwar eine soziale Konstruktion ist, aber zu Erfahrungen nötigt, die ihrer Konstruktion Grenzen setzen. Die Grenzen ergeben sich daraus, dass die Leute darauf angewiesen sind, Wirklichkeit so zu konstruieren, dass sich daraus realitätstüchtiges Handeln ableiten lässt; *Realitätstüchtigkeit* im Sinn des Anspruchs, aus dem eigenen Handeln zumindest nicht dauernd Schaden zu erleiden. Die Vorstellung, dass die Wirklichkeit eine Konstruktion und nichts als eine Konstruktion ist, lässt sich als Schreibunterlage nehmen, Realitätstüchtigkeit vermittelt sie nicht. Man kann es an der Verzweiflung ablesen, die in dem Satz steckt: „Die Welt, vom Kindergarten bis zum Präsidentenjob, sind Fakekonstruk-

---

202 Ian Hacking (1999: 91) macht mit Verweis auf Karl Mannheim darauf aufmerksam, dass konstruktivistische Theorieansätze dazu neigen, konkurrierende Positionen nicht zu widerlegen, sondern zu entlarven; das heißt, „außertheoretische Funktionen" als Argument gegen sie einzusetzen. Das Denken im Rahmen des Verschwörungsweltbildes kann gar nicht anders als jede Art von Wissensproduktion (Wissenschaft, Journalismus) auf die Supermächtigen zurückzuführen.

203 Anke Behrend, Die kontrollierte Opposition. Rubikon 9. 12. 2021. https://www.manova.news/artikel/die-kontrollierte-opposition

tionen einer Welt, die nicht existiert."[204] An die Vorstellung, die Welt sei nichts weiter als eine Konstruktion, lässt sich keine Praxis anschließen. Denn Handeln erfordert eine stabile Wirklichkeit. Die Deutung der Welt als beliebige Konstruktion bietet keinerlei Anhaltspunkte, worauf man sich stützen und wogegen man sich wenden kann.

---

204 Rüdiger Lenz, Sei kein Untertan! apolut 11. 8. 2023. https://apolut.net/sei-kein-untertan-von-ruediger-lenz/

VII Zwang zur Gemeinschaft

Negative Freiheit: Keine Gesellschaft

„Wir sollten darum nie vergessen: Die Freiheit ist unser wichtigstes Gut. Ohne Freiheit keine Gesundheit. Ohne Freiheit kein Umweltschutz – der mit Klimaschutz aber auch gar nichts zu tun hat. Ohne Freiheit kein lebenswertes Leben."[205] Der Appell an „Freiheit" ist universell einsetzbar; als Ausstiegsformel aus jeder Art von Verantwortung, als Chiffre der Realitätsverweigerung, als Aufruf zur Flucht aus der Gesellschaft.

Am Freiheitsverständnis, wie es in der Verschwörungspublizistik ausgebreitet wird, lassen sich Schnittmengen von höchst heterogenen politischen Strömungen deutlich machen. Freiheit bedeutet immer die Abwesenheit von staatlichem Zwang. Die einen allerdings lehnen staatliche Kontrollen, Überwachung ab, während die anderen sich gegen jede Art von Eingriffen in den Markt und staatliche Sozialpolitik richten. Dabei sind die eher linken Positionen mehr um Abgrenzung bemüht als die eher rechten.[206] Im einen Fall handelt es sich um Ausläufer marxistisch inspirierter Herrschafts- und Neoliberalismuskritik: Den „autoritären Überwachungsstaat entlarven"[207]; und zwar so: „Die sozialsanitäre Schock-Politik der Bundesregierung auf der Grundlage des Infektionsschutzgesetzes und des mit Wirkung vom 28. März 2020 erlassenen Verordnungsgesetzes ist nicht ohne historische Vorläufer. Sie steht in der Tradition jener staatlichen Maßnahmen zur Volkskörpergesundheit, die kennzeichnend waren für den Wilhelminischen Obrigkeitsstaat und die nazifaschistische Führerdiktatur."[208] Im anderen Fall sind es libertäre Schwundformen des Liberalismus. „Staaten sind das größte Hindernis für Freiheit."[209] Das Argument, dass ohne gewisse Einschränkungen durch den Staat das Recht des Stärkeren herrschen würde, zählt nicht. Sicherheit und Freiheit stehen unversöhnbar gegeneinander. „Denn wer seine Sicherheit wegen eines Stückes seiner Freiheit auf Institutionen überträgt, der liefert sich selbst deren Willkür aus. Mögen diese ihm anfangs sogar noch Sicherheit gewährleis-

---

205 Chris Veber, Die Klimawandel-Knute. Manova 26. 4. 2023. https://www.manova.news/artikel/die-klimawandel-knute

206 Susan Bonath, Neoliberale U-Boote. Manova 20. 5. 2023. https://www.manova.news/artikel/neoliberale-u-boote-2

207 Rudolph Bauer, Autoritären Überwachungsstaat entlarven. Rubikon 27. 11. 2020. https://www.manova.news/artikel/autoritaren-uberwachungsstaat-entlarven

208 Rudolph Bauer, Autoritäre Entwicklung in Corona-Deutschland – Oder: Die Scheuklappen des Antifaschismus. Nachdenkseiten, 30. 7. 2020. https://www.nachdenkseiten.de/?p=63429

209 Felix Feistel, Von der Freiheit. Rubikon 9. 3. 2022. https://www.manova.news/artikel/von-der-freiheit

ten, so ist das nur eine kurze Periode, nach und nach wird diese Sicherheit durch immer weitere Beschneidungen der Freiheit ebenso abgeschafft, wie die Freiheit selbst."[210]

Ein paar Beispiele für ein Verständnis von Freiheit, das sich frontal gegen staatliche Institutionen richtet: Gesetze? Regeln? Braucht man nicht, will man nicht. Sie sind ja doch nur Ausdruck von Herrschaft, die die Freiheit des einzelnen Menschen beschneidet. „Welches gesamtgesellschaftliche Problem soll gelöst werden, Menschen das Überqueren der Straße bei roter Ampel zu verbieten, oder das Fahren mit dem Fahrrad über einen nicht als Fahrradweg gekennzeichneten Weg? Hier steht nicht das Gemeinwohl im Vordergrund, sondern schlicht und ergreifend der schnöde Mammon sowie die Disziplinierung der Menschen. Diese Regeln werden den Menschen von oben aufgezwungen, sie selbst haben keinerlei Entscheidungsgewalt über diese. Statt der Allgemeinheit zu dienen, beschließt der Staat Verordnungen, die dem korrupten System Milliarden in die Kassen spülen und das Geld der Menschen an die Oligarchen umverteilen."[211] Braucht es Steuern? Kommen den Falschen zugute, denn: „An allen Ecken und Enden bereichert sich der Staat an seinen Bürgern. Das beginnt bei den Steuern, erstreckt sich über Gebühren, die für jede einzelne behördliche Handlung zu entrichten sind, und geht bis zu Bußgeldern für vollkommen konstruierte „Verfehlungen"[212]. Wieder ist der Ausweg: Gemeinschaft. „Wenn wir über unsere Regeln selbst abstimmen, unser Leben in die eigene Hand nehmen und uns nicht mehr von oben dreinreden lassen, bricht eine Zeit der Freiheit und Selbstbestimmung an."[213] Das klappt nur in einer radikalen Alternative zur Gesellschaft der Moderne.

Gemeinschaft als Alternative

Auf den ersten Blick sieht es so aus, als stünde das Verschwörungsdenken ambivalent zur Idee von Gemeinschaft; einerseits kritisch gegen den Status quo gewendet, andererseits als Fluchtpunkt von Alternativ-Entwürfen. Aber das täuscht. Die kritischen Bezüge auf Gemeinschaft als „Volksgemeinschaft" verdanken sich dem in der Verschwörungspublizistik häufigen Verfahren, gegenwärtige Politik durch Analogien mit dem Nationalsozialismus zu diskreditieren. Insbesondere wird Politik, die auf die Herstellung von Kollektivgütern zielt und dazu individuelle Einschränkungen verlangt, mit „Volksgemeinschaft" in Verbindung

---

210 Ebd.
211 Felix Feistel, Regulieren und strafen. Rubikon 17. 2. 2023. https://www.rubikon.news/artikel/regulieren-und-strafen
212 Ebd.
213 Ebd.

gebracht. „Wer nicht zu der ‚Volksgemeinschaft' gehört, ist automatisch ein Feind derselben." Und „an diese Mechanismen knüpft auch der Corona-Faschismus an." „Denn, wie schon im historischen Faschismus, treffen die Führer und Staatenlenker die Entscheidungen für UNS als ‚Volksgemeinschaft'. Die individuelle Freiheit und Selbstbestimmung muss zurückstehen hinter deren Schutz."[214] Diese Umdeutung von Kollektivgütern (hier: Eindämmung der Ansteckung) ist unmittelbar anschlussfähig für libertäre Positionen (bedingungslose „Freiheit und Selbstbestimmung") und zugleich Beitrag zur Inflation von „Faschismus" als Vorwurf gegen alles und jedes.

In scharfem Kontrast dazu beruhen alle Alternativvorstellungen im Verschwörungsdenken zur Gestaltung der sozialen Verhältnisse auf einem positiv aufgeladenen Gemeinschaftsbegriff. Diese Vorstellungen halten sich durchwegs im Rahmen der Tradition romantischer Gesellschaftskritik. Das meiste erinnert an Alternativentwürfe aus den ersten Jahrzehnten des 20. Jahrhunderts.

Exkurs: Ferdinand Tönnies, ein tragischer Fall

Man tut Ferdinand Tönnies bestimmt nicht unrecht, wenn man sein Hauptwerk als eine systematische Darstellung moderner Vergesellschaftung in problemlösender Absicht liest. Zwar ging es ihm um ein soziologisches Grundlagenwerk, doch dachte und schrieb er angesichts der „sozialen Frage", die ihn wie viele andere tief beunruhigte. Tönnies stellt „Gemeinschaft und Gesellschaft" als die beiden Grundformen sozialer „Verbindung" (Tönnies 1887/1979: 3) einander gegenüber und bringt sie in eine historische Abfolge. Dem Zeitalter der Gemeinschaft folgt das Zeitalter der Gesellschaft. Tönnies betont, dass damit noch nicht das letzte Wort in der Geschichte gesprochen ist, was aber danach kommt, ist nicht mehr als eine undeutliche Hoffnung auf die Aufhebung des Dualismus in der Gesellschaft.

„Gemeinschaft und Gesellschaft" ist ein Text, an dem die Merkmale seiner Zeit sehr deutlich werden. Er kritisiert die industriell-kapitalistische Moderne in der Situation des Umbruchs von traditionalen zu modernen Lebensverhältnissen. Die Rede von Gemeinschaft ist modern (Vobruba 1994: 19 f.), und zwar in dreierlei Hinsicht. Erstens setzt sie ein Reflexionsvermögen über die sozialen Verhältnisse, in denen man lebt, voraus, das sich erst mit der Moderne entwickelt. Zweitens dokumentiert die Rede von Gemeinschaft eine moderne Sehnsucht nach einfachen, konfliktfreien sozialen Verhältnissen „Das, was Tönnies sozialhistorisch als ‚Gemeinschaft' bezeichnet, ist eine Idealisierung einer *modernen* Vorstellung." (Weyand 2016: 52; Herv. i. O.) Und drittens setzt die Rede von Gemeinschaft als

214 Felix Feistel, Endlich wieder „Volksgemeinschaft". Rubikon 11. 11. 2021. https://www.rubikon.news/artikel/endlich-wieder-volksgemeinschaft

Gesellschaftskritik das moderne Bewusstsein voraus, dass sich die Gesellschaft durch das Handeln ihrer Mitglieder verändern lässt.

Gemeinschaft wird stilisiert als der Zustand eines in sich kohärenten Ganzen. Die Glieder der Gemeinschaft sind funktional aufeinander bezogen, jedes hat seinen Platz. An der Spitze der Gemeinschaft steht eine Führungsfigur, die den gemeinsamen Willen der Gemeinschaft repräsentiert, formt und durchsetzt. Es herrscht natürliche, unproblematische Ungleichheit, denn „von Natur ist dem wirklich so: größere allgemeine Kraft ist auch größere Kraft, Hilfe zu leisten." (Tönnies 1887/1979: 11) Die Gemeinschaft kennzeichnen Altruismus, Überschaubarkeit, Wärme; man ist einander zugewandt. Gesellschaft ist in all dem das pure Gegenteil. Gesellschaft bedeutet Anonymität, Egoismus, wechselseitige Abgrenzung. In der Gesellschaft finden „keine Tätigkeiten statt, welche aus einer a priori und notwendigerweise vorhandenen Einheit abgeleitet werden können." Folglich „ist ein jeder für sich allein, und im Zustande der Spannung gegen alle übrigen." (ebd.: 34) Die Egoismen finden im Tausch immer wieder einen temporären Ausgleich, aber daraus ergeben sich keine echten Verbindungen. „Die Möglichkeit eines gesellschaftlichen Verhältnisses setzt nichts voraus als eine Mehrheit von nackten Personen, die etwas zu leisten und folglich auch etwas zu versprechen fähig sind." (ebd.: 54) „Nackt" deutet hier die Voraussetzungslosigkeit der soziologischen Konstruktion an: Die Individuen in der Gesellschaft sind auf kein soziales Ganzes bezogen, das als ihnen vorgeordnet gedacht wird. Ihr Egoismus ist es, aus dem sich Gesellschaft konstituiert. Gemessen an der Qualität des Zusammenhalts der Gemeinschaft kann dabei nicht viel herauskommen. „Da nun in ihr jede Person ihren eigenen Vorteil erstrebt und die übrigen nur bejaht, soweit und solange als sie denselben fördern mögen, so kann das Verhältnis aller zu allen, vor und außerhalb der Konvention, und wieder vor und außer jedem besonderen Kontrakte, als potentielle Feindseligkeit oder als ein latenter Krieg begriffen werden, gegen welche dann alle jene Einigungen der Willen als ebenso viele Verträge und Friedensschlüsse sich abheben." (ebd.: 45) Im Kontrast zur Natürlichkeit von Gemeinschaft ist Gesellschaft ein künstliches Gebilde, in dem der Kampf aller gegen alle herrscht, von interessengeleiteten Übereinkünften nur dünn überdeckt.

Ein tragischer Fall ist Ferdinand Tönnies aus mehreren Gründen:

Erstens erschwert seine verquast-altväterliche Sprache die Rezeption des Werkes. Das ist sehr schade. „Gemeinschaft und Gesellschaft" liefert scharfe Beobachtungen der sich durchsetzenden kapitalistischen Moderne. Verdeckt – aber entdeckbar – liefert es Hinweise auf den Umbruch vom traditionalen zum modernen Verständnis der sozialen Verhältnisse; noch dazu zugespitzt auf die kapitalistische Moderne mit der hervorgehobenen Stellung der Eigentümer von Kapital und der strukturellen Unterlegenheit der Eigner von (nichts Anderem als ihrer eigenen) Arbeitskraft als „einer nominellen Abart von Kaufleuten" (ebd.: 52). Tönnies nimmt hier einen Gedanken vorweg, den Karl Polanyi (1944/1977) eine Generation später im Begriff des „fiktiven Warencharakters der Arbeit" gefasst und zu einer Kapitalismustheorie ausgearbeitet hat.

Zweitens ist Tönnies grob missverstanden worden. Ein Loblied auf die Gemeinschaft, für das er gerne als Zeuge genommen wird, war nicht seine Absicht. Tönnies entwickelt die Eigenschaften von Gemeinschaft als Merkmale eines Modells, jedoch mit praxisnahen Annäherungen an die Idealform. Gemeinschaft ist realisiert in der Verwandtschaft, der Nachbarschaft und der Freundschaft. Daraus leitet sich die jeweilige Position der Spitze ab: Vater, Fürst, Meister. Ihre Autorität kommt letztlich aus dem Absoluten: Ihre „Vorfahren sind oder werden Götter; und die Götter werden als Vorfahren und väterliche Freunde geglaubt. ... In ihnen ist die Kraft solcher Gemeinschaft auf eminente Weise vorhanden." (Tönnies 1887/1979: 15) Bemerkenswert ist: „... oder werden Götter". Wenn man so will, deutet sich hier an, dass die Autorität der Führung eben nicht der Natur der Sache nach immer schon feststand, sondern sich einem Konstrukt verdankt, das der Legitimation von Herrschaft dienen soll. So wie die Beschwörung von Gemeinschaft als Gesellschaftsmodell insgesamt. Tönnies gibt also einen Wink, dass er nicht die Realität von Gemeinschaft vergangener Zeiten beschreibt. Im Kontrastieren von Gemeinschaft und Gesellschaft erfasst er nicht Gemeinschaft, sondern einen Entwurf, der Gesellschaft anhand des Modells von Gemeinschaft kritisieren aber nicht regressiv auflösen soll. Aber sein Wink war zu schwach.

Drittens: Gemeinschaft ist ein Konstrukt, das Sehnsüchte anzieht und zu ihrem gesellschaftspolitischen Missbrauch einlädt. Die unbedingte Verherrlichung von Gemeinschaft ist ein wesentliches Muster des Denkens gegen die Moderne. Tönnies' Werk war dieser Vereinnahmung in der ersten Hälfte des 20. Jahrhunderts schutzlos ausgeliefert. Seine Rezeption war von der Auffassung dominiert, dass Tönnies Gemeinschaft der Gesellschaft historische und schließlich auch normativ vor- und überordnet. „Durch den von Ferdinand Tönnies herausgestellten Gegensatz von Gemeinschaft und Gesellschaft gewann der Begriff der ‚Volksgemeinschaft' an Popularität", heißt es lapidar[215]. Die Sehnsucht nach Gemeinschaft war zu seiner Zeit so stark, dass Tönnies als Gemeinschaftsideologe vereinnahmt wurde. In starkem Kontrast zu seinem eigenen politischen Engagement (Rode, Klug 1981) trug die Anlage seiner Soziologie dazu selbst bei. Die begriffliche Zusammenführung von Volk und Gemeinschaft zeigt an, wohin der Weg dann ging. „Ein modernes Volk ist sicher nicht Gemeinschaft in dem Sinne, daß sein Strukturgesetz damit vollständig bestimmt wäre. Aber in seiner Struktur ist das Prinzip Gemeinschaft eingeschichtet. Als Sprachgemeinschaft, als politische Schicksalsgemeinschaft, als Abstammungsgemeinschaft trägt das Volk fraglos Züge in sich, die ihm den Charakter der Gemeinschaft verleihen." (Freyer 1931: 133) Wenn beide, „Gemeinschaft" und „Volk", jeweils als absoluter Bezugspunkt einer gesell-

215 Im Wikipedia-Artikel „Volksgemeinschaft". https://de.wikipedia.org/wiki/Volksgemeinschaft#cite_note-4

schaftlichen Ordnung gedacht werden, die den Individuen vorgeordnet ist, dann ist „Volksgemeinschaft" ein Pleonasmus. Oder man sieht darin eine Steigerung und Bedrohung: Sowohl „Volk" als auch „Gemeinschaft" fordern Ein- und Unterordnung; Volksgemeinschaft umso radikaler.

Tönnies suchte eine Synthese. Aber er fand keine. Letztlich fällt er selbst in die absolutistische Logik zurück, deren Überwindung sich an einigen Stellen des Werkes andeutet. Wahre soziale Integration kann er sich nur vorstellen als Orientierung der Leute auf ein ihnen logisch vorausgesetztes Ganzes. Als eine Ideologie, die alle einem vorausgesetzten Ganzen ein- und unterordnen wollte, hat Tönnies den Nationalsozialismus bekämpft. Aber Logiken sind unerbittlich: Das Werk wurde benutzt, der Autor wurde von den Nazis verfolgt.

Gemeinschafts-Idyllen

Die geläufigen Topoi der Kritik der Moderne: „Kulturelle Entwurzelung", „sinnentleerte Gesellschaft", „Wettbewerbsgedanke"[216] führen zur Rückbesinnung auf Gemeinschaft. Als Alternative zur kalten Gesellschaft werden Gemeinschafts-Idyllen angeboten.

„Denkbar und viel menschlicher ist eine Welt, die ohne Geld funktioniert. Eine Welt, in der die Menschen sich gemeinsam zusammenfinden, um ihre Bedürfnisse gemeinschaftlich zu erfüllen. Angebaute Nahrung könnte ebenso nach Bedürfnis verteilt werden wie produzierte Waren. Lokal könnten gemeinsam Nahrungsmittel angebaut, die Erzeugnisse gesammelt und verteilt werden. Ebenso könnten lokale Betriebe und Handwerker andere Bedürfnisse erfüllen, die über die Ernährung hinausgehen."[217] Wie kann man sich die Organisation einer solchen Gemeinschaft vorstellen? Wie sollten insbesondere die Güterproduktion und -verteilung geregelt sein? „Die Versorgung mit allen lebensnotwendigen Gütern und Dienstleistungen ist ein unabdingbares Grundrecht eines jeden Menschen. Dieses Recht muss daher als solches Grundrecht bindend kodifiziert werden. Die Versorgung darf niemandem verwehrt werden. Diese zu gewährleisten, trägt die Gemeinschaft vor Ort Sorge."[218] Dem freien Zugang zu den Subsistenzmitteln korrespondiert die Freiwilligkeit zur Arbeit.[219] An dieser Stelle wird eine entscheidende Voraussetzung eingeführt, auf der die Gemeinschaftsentwürfe beruhen: Es gibt ein neues Bewusstsein, das alle dazu bringt, aus Verantwortung für das All-

216 Felix Feistel, Das Verschwinden der Kultur. Rubikon 19. 1. 2022. https://www.manova.news/artikel/das-verschwinden-der-kultur

217 Felix Feistel, Welt ohne Geld. Rubikon 10. 6. 2022. https://www.manova.news/artikel/welt-ohne-geld

218 Ebd.

219 Diese Vorstellung hat eine lange Tradition in utopischen Gesellschaftsentwürfen.

gemeinwohl zu arbeiten, es wird aber nicht erklärt, wodurch es sich entwickelt. Die Menschen werden „Berufe meiden, die sie nur des Verdienstes wegen gewählt hätten, und sich auf ihre tatsächlichen Stärken und Interessen besinnen. Wenn Menschen einer Arbeit aufgrund echter Leidenschaft nachgehen, verbessert sich nicht nur die Qualität der Arbeit, sondern auch das Klima und die Zufriedenheit einer Gesellschaft insgesamt. Dieses System leistet auch nicht der Faulheit Vorschub, denn niemand wird sich für den Rest seines Lebens auf die faule Haut legen. Jeder Mensch braucht eine Beschäftigung und einen Sinn in seinem Leben. Nur kann er sich nun ganz auf seine Stärken und Interessen besinnen und damit einen Beitrag zur Gesellschaft leisten."[220]

Ein anderer Autor entwirft eine Art dezentralisierten Kommunismus: „Kommunen sind Verwaltungsebenen, die sich durch ihre begrenzte Anzahl von Menschen in einem geographisch abgegrenzten, lokalen Gebiet auszeichnen. Neben der Selbstverwaltung stellt die Selbstversorgung die Haupteigenschaft einer Kommune dar. Die Menschen kennen sich, achten und helfen einander, aber – und das ist wichtig zu erwähnen – beobachten und kontrollieren sich gegenseitig. In Kommunen ist es wesentlich schwieriger, untugendhafte und unmoralische Verhaltensmuster auszuleben, da sie schnell dazu führen würden, aus der Gemeinschaft ausgeschlossen zu werden."[221] Über die offensichtlichen repressiven Aspekte von Gemeinschaft wird frohen Herzens hinweggegangen und stattdessen ihre freundliche Seite ausgemalt: „Wenn ich mich frage, wie ich leben will, erscheint vor meinem inneren Auge ein kleiner Hof, umgeben von Obst- und Nussbäumen, Beerensträuchern, einem Kräutergarten, einem Gemüseacker und einem Stall. Ein Meer von Möglichkeiten. Eine einzigartige Käsesorte wartet darauf, entwickelt zu werden, das Obst und Gemüse will eingemacht und gelagert werden, ein Büffel möchte vor den Pflug gespannt werden, die Kräuter laden uns ein, ihre Heilwirkung zu nutzen oder ihren Geschmack zu genießen. Um das Haus herum spielen Kinder, klettern auf Bäume, bauen Baumhäuser und Höhlen, machen sich erdig und naschen Waldbeeren. Und drum herum versammeln sich Erwachsene und erhalten diese kleine Idylle. Sie bilden den Grund, auf dem tierfreundliches und menschenfreundliches Leben wachsen darf."[222] Selbstverständlich können solche Entwürfe alternativen Lebens sinnvoll sein, sie sind aber nicht verallgemeinerungsfähig und standen darum immer schon in einem Missverhältnis zu der umfassenden Gesellschaftskritik, aus der sie hervorgingen. Sofern dies dennoch angedeutet wird, wird es rasch

---

220 Felix Feistel, Welt ohne Geld. Rubikon 10. 6. 2022. https://www.manova.news/artikel/welt-ohne-geld

221 Gustav Viktor Smigielski, Die Zeit des Wandels. Rubikon 16. 3. 2023. https://www.manova.news/artikel/die-zeit-des-wandels

222 Rike de Vries, Die andere Welt. Rubikon 24. 7. 2020. https://www.manova.news/artikel/die-andere-welt-4

hoch problematisch: „Ein weltweiter Wandel ist nur möglich, wenn die vielen Einzelinitiativen so autark wie möglich operieren und ihre Gegensätze aufgrund der Einsicht zum Wandel überwinden, um die Zentren der Macht zu isolieren."[223] Dazu kommt noch, dass solche Initiativen zwar auf Einfachheit angelegt sind, meist aber moderne, höchst voraussetzungsvolle Kommunikationstechnologien als Selbstverständlichkeit nehmen – um sich zu vernetzen und um als „Lernorte" für Auswärtige auf sich aufmerksam zu machen. Gemeinsam ist all diesen Initiativen, dass sie die sozialen Verhältnisse auf intentional geschaffene Zusammenhänge reduzieren. Es gibt also keine anonymen Prozesse mehr, die als Ausdruck von „Macht" und „Entfremdung" interpretiert werden, da es im Einfachdenken ja keine Prozesse gibt.

Wie in der Kritik der Moderne der diversen Lebensreformbewegungen in den 10er und 20er Jahren des 20. Jahrhunderts wird betont, „wie wichtig die Gemeinschaft ist, und wie sehr diese in der modernen Zivilisation fehlt."[224] Wie in den Zeiten der Lebensreformbewegungen führt die Sehnsucht nach „Gemeinschaft" zu Isolations-Phantasien und zu der Empfehlung, in kleinen Einheiten zu leben, jenseits derer nur lose soziale Zusammenhänge bestehen. Der Sinn dieser „Anrufung von Gemeinschaft" (Vobruba 1994) ist nicht der Entwurf einer praktikablen Gesellschaftsform, sondern rückwärtsgewandte Kritik der Moderne.

Die richtigen Menschen für die gute Gesellschaft

„Wollen wir eine freie Gesellschaft erschaffen, müssen wir auch hier zunächst bei unseren Mitmenschen die Sehnsucht nach der Freiheit erwecken. Erst dann können wir uns auf den Weg machen."[225] Es bleibt eigentümlich unentschieden, ob die Gesellschaft grundlegend verändert werden soll, oder ob man die Supermächtigen und die Mehrheitsgesellschaft links liegen lassen und in die Gesellschaft kleine Gemeinschaften als eine Art Freiheitsinseln einbauen will. Das Folgende spricht für die kleinformatige Version: „Dazu muss aber nicht die breite Masse erreicht werden. Es genügt, sich mit einigen Gleichgesinnten zusammenzutun. Mit diesen zusammen kann man Gemeinschaften bilden, die sich dem herrschenden Narrativ widersetzen, welches uns der Freiheit berauben will."[226]

---

223 Ebd.

224 Elisa Gratias, Wandel durch Wildnis. Rubikon 18. 8. 2022. https://www.manova.news/artikel/wandel-durch-wildnis.

225 Felix Feistel, Verschmähte Freiheit. Manova 5. 5. 2023. https://www.manova.news/artikel/verschmahte-freiheit. Der Text ist ein gutes Beispiel für einen Erklärungsversuch, warum die überwiegende Mehrheit sich der Unterdrückungsdiagnose und dem Freiheitsstreben der Verschwörungsdenker nicht anschließt. Der Autor sieht es als Auszeichnung, unbeliebt zu sein.

226 Ebd.

Andererseits geht es aber doch um eine am Modell der Gemeinschaft ausgerichtete, grundlegend veränderte Gesellschaft. Jedoch ist eine Strategie, die zu ihr hinführte, nicht greifbar, da die Supermächtigen den Status quo fest im Griff haben. Die Konsequenz ist, dem schlechten Status quo gute neue soziale Verhältnisse unvermittelt entgegenzustellen. Dazu werden Menschen herbeigedacht, die für die veränderte Gesellschaft die Richtigen sind. Es sind von Grund auf veränderte Menschen, und sie sind in dem Sinn die Richtigen, dass sie mit ihren guten Intentionen in die guten neuen sozialen Verhältnisse passen. Es ist dies nichts anderes als die Konsequenz des Einfachdenkens: gute Intentionen = gute soziale Verhältnisse.

Die Unentschiedenheit der Perspektive zwischen gemeinschaftlichen „Inseln der Freiheit" und fundamental neuen sozialen Verhältnissen verdankt sich der unlösbaren Machtfrage und dem nicht ganz unterdrückbaren Realitätssinn. Die Zukunftsprojektionen changieren zwischen Gemeinschaften in der Gesellschaft und Gemeinschaft als Gesellschaftsmodell. Explizit ausbuchstabiert werden sie relativ selten. Hier sind immerhin ein paar Stichworte:

In der neuen „freien Gesellschaft" gibt es regional unterschiedliche „Wertesysteme", die sich miteinander vertragen. „Die Entscheidung über Regeln und deren Durchsetzung ist auf der jeweiligen Sachebene anzusiedeln. Übergreifende Fragestellungen sind im Verbund mit den weiteren betroffenen Regionaleinheiten in sachlicher Notwendigkeit zu bearbeiten." Es gibt „Netzwerke statt Hierarchien". „Jeder Einzelne kann etwas, das für die Gemeinschaft wichtig ist, und die Gemeinschaft braucht jeden Einzelnen in seiner Individualität, seiner Entwicklung und seinem Mensch-Sein." Damit die neue Gesellschaft funktioniert, müssen sich die Menschen allerdings zuerst grundlegend ändern. „Die Menschen müssen dafür aber erst einmal in der Lage sein, ihre eigentlichen Bedürfnisse zu erkennen und von denjenigen zu unterscheiden, die ihnen von vielfältigen Interessenträgern von außen oktroyiert wurden." Sobald sich die Menschen auf ihre wahren Bedürfnisse konzentrieren, schrumpft die Ökonomie auf ein überschaubares Format. „Regionaler Austausch sollte mit regionalen Währungen erfolgen." Es „sollte auf eine Werthaltigkeit und Fairness des Austausches geachtet werden, unter Berücksichtigung der regionalen Spezifika der Partner. Gewinnstreben hat hier nur zweitrangigen und Gewinnmaximierung keinen Stellenwert mehr." Hand in Hand damit geht die Reduzierung der wirtschaftlichen Außenkontakte der Regionaleinheiten. „Überschussproduktion für den Export oder zur Gewinnmaximierung ist zugunsten landschaftspflegerischer und naturerhaltender Aktivitäten zurückzustellen." Das Zusammenleben der Menschen erfordert nur rudimentäre Formen der Rechtsordnung und der politischen Willensbildung. „Sicherheit sollte als Dienstleistung von Bürgern für Bürger zu organisiert werden. ... Denkbar sind rotierende, ehrenamtliche Engagements, wie schon bei freiwilligen Feuerwehren erfolgreich praktiziert." „Das Regelungssystem muss immer dahingehend entwickelt werden, dass es seinen Umfang stetig minimiert und immer nur das Notwendigste regelt. Eine Rechtsprechung soll im Sinne eines Schiedsgerichtes Streitigkeiten schlichten und Unrecht im Sinne einer Wiedergutmachung und persönlicher Einsicht regeln." „Die Entscheidungsfindung sollte unter Berücksichtigung traditioneller Gepflogenheiten das Meinungsbild der Regionalbevölkerung widerspiegeln. Die Methoden der Meinungs- und Entscheidungsfindung sind entsprechend regionalspezifisch zu gestalten. Äußere Einflüsse oder Einflüsse von Machtgruppen und Einzelinteressen sind wirksam zu verhindern." [227] Insgesamt: Es ist die Vision einer agrarischen Gemeinschaft, die sich regional weitgehend selbst versorgt. Eine solche Gemeinschaft gibt ein konfliktfreies Gesellschaftsmodell ab (Vobruba 1994), da alle strikt – wenn auch durch „Einsicht" – auf Gemeinschaftsnormen festgelegt sind. Solche neuen sozialen Verhältnisse setzen die neuen, in sie eingepassten Menschen immer schon voraus. Offen bleibt, wie die Menschen zugerichtet werden, um die Richtigen für diese sozialen Verhältnisse zu werden. Die Bandbreite der Möglichkeiten reicht von gutem Zureden bis zur Erziehungsdiktatur. Das Repressionspotential dieses Gesellschaftsmodells ist offensichtlich, seine reaktionär-totalitäre Tradition auch. Sich von der Moderne noch weiter weg zu denken, geht kaum.

Keine Konflikte

Wie auch immer Alternativentwürfe im Einzelnen aussehen mögen, ihnen ist gemeinsam, dass sie die sozialen Verhältnisse auf intentional geschaffene Zusammenhänge reduzieren. Sie werden immer von drei Elementen getragen: Gemeinschaft, Genügsamkeit, Stadtferne. *Gemeinschaft* ergibt sich zwingend aus der Anlage des Einfachdenkens. In der Gemeinschaft, so das ideal vorgestellte Zusammenleben, werden alle sozialen Belange gemäß einem gemeinsamen einheitlichen Willen gestaltet. Dieser Wille kann durch Beteiligung aller (einer relativ kleinen Gruppe) zustande kommen oder von einem „Weisenrat"[228] herrühren. In jedem Fall bleibt die *einfache* Relation zwischen der Intention und dem Resultat gewahrt. Daraus ergibt sich *Genügsamkeit*. In einer Gesellschaft, die nach dem Gemeinschaftsmodell gedacht wird, ist für private, dezentrale Investitionsentscheidungen und für Märkte kein Platz. Die Wohlstandsverluste, die sich daraus ergeben, werden gesehen und für unproblematisch, wenn nicht erwünscht gehalten. Es wird kollektiv beschlossen, wer seine Arbeitskraft wie einsetzt und was produziert wird. Generelle Leitlinie dafür sind die „echten Bedürfnisse", die jedenfalls

---

227 Alle Zitate: https://www.manova.news/artikel/das-team-mensch-6

228 Karsten Ramser, Visionen für eine neue Gesellschaft. Rubikon 23. 2. 2023. https://www.manova.news/artikel/visionen-fur-eine-neue-gesellschaft. Zur ambivalenten Position der Alten unter traditionalen Verhältnissen als Träger wertvoller Erfahrungen und als nutzlose Esser vgl. Thomas 1988.

weitaus weniger umfassen als gegenwärtig angeboten und nachgefragt wird. „Da wir eins sind mit der Natur, leben wir mit und in ihr mit Respekt, Wohlwollen und Bewunderung. Ausbeutung, Reduzierung der Natur zu Rohstoffen, die Ansicht, dass die Natur kontrolliert und beherrscht werden muss, gehört der Vergangenheit an."[229] Dies bietet Anschlussmöglichkeiten für eine pauschale Zivilisationskritik. „Raus aus den Ängsten und dem Chaos einer Zivilisation, die sich mehr und mehr als Zuvielisation manifestiert. Und rein in die Wildnis der Natur: außer und in mir."[230] Hier haben wir alle Topoi versammelt: das Kapitulieren vor der Komplexität der sozialen Verhältnisse („Chaos") und die Grundstimmung Angst; Zivilisationskritik als Kritik am (angeblichen) Überfluss; Erlösung durch Natur. Es versteht sich von selbst, dass einfaches Wirtschaften und naturnahes Leben in der Stadt unvorstellbar sind. Also gründen fast alle Alternativentwürfe, die sich aus Verschwörungsdenken als Gesellschaftskritik ergeben, auf *Stadtferne.*

Man sieht: Gemeinschaft als Gesellschaftsmodell nimmt Sehnsüchte auf, die aus der Gesellschaft der Moderne entstehen. Die an Idealen von Gemeinschaft Maß nehmende Gesellschaftskritik nimmt reale Probleme auf und ist doch trügerisch: Aus den Versprechen von Übersichtlichkeit, Nähe und Wärme werden in der Realisierung Verarmung, Kontrolle, Ausschluss. Die Strukturanalogien zwischen der Idee von Herrschaft befreiter Gemeinschafts-Inseln und der Praxis „ausländerfreier" Dörfer und Kleinstädte sind unübersehbar. Jene abzudrängen, die zu „Anderen" erklärt wurden, liegt in der Logik von Gemeinschaft.

Die Orientierung des Verschwörungsdenkens am Modell von Gemeinschaft zeigt sein kompliziertes Verhältnis zum Konflikt. In der Gemeinschaft dominiert Harmonie. Dafür sorgen die Bescheidenheit und Einsichtigkeit ihrer Mitglieder sowie ihre Orientierung am Gemeinwohl. Was an Divergenzen bleibt, wird durch Diskussion und durch weise Entscheidungen der Gemeinschaftsspitze aufgelöst. Die Gemeinschaft leitet ein einheitlicher Wille, der durch eine Instanz repräsentiert wird, die der Figur des Vaters bei Tönnies entspricht. Aber das ist Zukunftsmusik. Die verschwörungsdenkerische Deutung des Konflikts in der schlechten Gesellschaft der Gegenwart ist komplizierter. Zwar dominiert ein Fundamentalkonflikt die Gesellschaft. Zwischen böse und gut, zwischen *Ihnen* und *Uns*. Das ist der Primär-Konflikt, der aber weitgehend latent bleibt, da die überwiegende Mehrheit von *Uns* manipuliert ist und die offensichtlichen Gefahren nicht sehen kann oder sehen will. Daraus ergibt sich der Sekundär-Konflikt zwischen den Aufgewachten und den Schlafschafen.

---

229 Ebd.

230 Ueli Keller, Die unkreative Intelligenz. Rubikon 17. 3. 2023. https://www.manova.news/artikel/die-unkreative-intelligenz

VIII Weltuntergänge

Weltuntergang … aber nicht sofort

Die Welt geht unter. Größtmögliches Pathos soll auf die Größe der Gefahr hinweisen und auf die Dringlichkeit, etwas dagegen zu tun. Stichworte dazu: „Das Ende der Exzesse. Der Zusammenbruch von allem!" „Der Untergang des Abendlandes", „Die Welt geht unter, schnallt euch an". Und wenn schon nicht die Welt, dann zumindest: „Die westliche Zivilisation befindet sich in ihrem Todeskampf."[231] Nur selten läuft *Ihr* Plan so aus dem Ruder, dass die Apokalypse nicht nur *Uns,* sondern tatsächlich alle erwischt. Auf den ersten Blick scheint der Goldhändler Egon von Greyerz dieser Ansicht zu sein. Er bietet mit der Frage „Wird ein Atomkrieg, ein Schuldenkollaps oder die Erschöpfung der Energievorräte die Welt zerstören?" eine apokalyptische tour d'horizon. Ganz so schlimm scheint es dann aber doch nicht zu werden, da er als Konsequenz den Ankauf von Gold empfiehlt: „Gold ist eine Versicherung und der Erhalt von Vermögen. Gold ist Sparen und finanzielles Überleben. … Aber bitte kaufen Sie nur physisches Gold und lagern Sie es an einem sicheren Ort, fern von kleptokratischen Regierungen."[232]

In den meisten Fällen werden die Untergangsphantasien so ausbuchstabiert, dass es „fünf vor zwölf" ist: *Wir* können also noch etwas machen, jedoch die Zeit drängt. „Immer mehr bekomme ich den Eindruck: Es geht hier ums Ganze. Jene finanziell Mächtigen, die im Hintergrund der globalen Politik ihre weitumspannenden Fäden der Beeinflussung ziehen, mal mehr, mal weniger sichtbar, machen jetzt ernst."[233] Zwar scheitert der eine oder andere Plan der Supermächtigen, aber insgesamt setzen sie sich durch, wenn *Wir* uns nicht ganz entschieden wehren. „Die Menschheit hat mit vereinten Kräften alle Macht der Welt, sie zu stoppen. Gemeinsam werden wir diesen Verbrechern, die Millionen unschuldiger Menschen ermordet und unser Leben gestohlen haben, Gerechtigkeit widerfahren lassen. Wir müssen jetzt handeln, um diesen Krieg zu gewinnen, denn sie planen eine weitere tödliche Pandemie, einen Weltkrieg und einen finanziellen Zusammenbruch, um ihr ultimatives Ziel der totalen

231 Peter Koenig, https://uncutnews.ch/das-ende-der-exzesse-der-zusammenbruch-von-allem/; Michael Hüter, https://www.manova.news/artikel/der-untergang-des-abendlandes-2; Todd Hayen, https://uncutnews.ch/die-welt-geht-unter-schnallt-euch-an/; Paul Craig Roberts, https://uncutnews.ch/die-westliche-zivilisation-befindet-sich-in-ihrem-todeskampf/;

232 Egon von Greyertz, Wird ein Atomkrieg, ein Schuldenkollaps oder die Erschöpfung der Energievorräte die Welt zerstören? Uncut news 20. 2. 2023. https://uncutnews.ch/wird-ein-atomkrieg-ein-schuldenkollaps-oder-die-erschoepfung-der-energievorraete-die-welt-zerstoeren/

233 Bente Kristin Stephan, Nur Mut! Rubikon 1. 7. 2022. https://www.manova.news/artikel/nur-mut-3

Weltkontrolle über eine reduzierte Bevölkerung zu erreichen."[234] Im Extremfall geht es um das Ende der Menschheit. Die Verschwörungspublizistik hat auch dafür unzählige Beweise, zum Beispiel „Zwölf unbestreitbare Anzeichen dafür, dass die Globalisten das Ende der Menschheit planen." Dazu zählen die „kontrollierte Zerstörung der Energieinfrastruktur, die die menschliche Wirtschaft antreibt", von den Regierungen finanzierte „genetische Biowaffen gegen den Menschen", die „schnelle Einführung von Automatisierungsrobotern als Ersatz für Arbeiter und Transportfahrer" und „für Angestellte: Journalisten, Künstler, Programmierer, Schriftsteller und mehr", „durch Geoengineering ausgelöste globale Hungersnöte"[235] usw. Verbindet man die unterschiedlichen bedrohlichen Entwicklungen zu einem Gesamtbild, so kommt man im Verschwörungsweltbild zu einem beängstigenden Ergebnis. Wenn jene, die das Sagen haben, sowohl mächtig als auch böse sind, kann diese Welt für *Uns* nur auf eine Katastrophe hinauslaufen. Die milderen Versionen, die von den Supermächtigen gerade eingeleitet werden, sind Bevölkerungsaustausch und Bevölkerungsreduktion.

Bevölkerungsaustausch und Bevölkerungsreduktion

Entweder beabsichtigen die Supermächtigen, die Bevölkerung auszutauschen, indem sie zu diesem Zweck Migration organisieren. „Orbán hat wiederholt davor gewarnt, dass der Rückgang der einheimischen Bevölkerung in Europa eine ‚Krankheit' sei und dass der Bevölkerungsaustausch durch Massenmigration ‚demografischen Selbstmord' bedeute."[236] Als oberster Initiator und Planer des Bevölkerungsaustauschs wird häufig George Soros genannt. „George Soros ist so reich geworden, dass sich westliche Regierungen kaum noch wehren, wenn er sich in innere Angelegenheiten einmischt. So verordnete Soros 2015, dass Europa Millionen von Flüchtlingen aus Afrika und dem Nahen Osten aufnehmen muss, obwohl kaum jemand dies wollte."[237] Der Text folgt präzise dem oben skizzierten antisemitischen Muster *Juden als durch Reichtum Mächtige,* mit dem Namen George Soros als Chiffre: Ein Jude kommt durch Spekulation zu Reichtum. Politiker werden seine Erfüllungsgehilfen. Liest man den Text genau, so werden sie dazu nicht wirklich gezwungen, tragen also Mitschuld. Sie führen seine Pläne

---

234 Uncut news 12. 4. 2023. https://uncutnews.ch/globaler-inlaendischer-terrorismus-wir-muessen-jetzt-handeln-um-diesen-krieg-zu-gewinnen-denn-sie-planen-eine-weitere-toedliche-pandemie/

235 Uncut news 7. 8. 2023. https://uncutnews.ch/zwoelf-unbestreitbare-anzeichen-dafuer-dass-die-globalisten-das-ende-der-menschheit-planen/

236 Uncut news 3. 9. 2021. Victor Orbán: „Migration muss gestoppt werden". https://uncutnews.ch/viktor-orban-migration-muss-gestoppt-werden/

237 Uncut news 14. 8. 2022. Wie der Milliardär George Soros seit Jahrzehnten für Chaos sorgt. https://uncutnews.ch/wie-der-milliardaer-george-soros-seit-jahrzehnten-fuer-chaos-sorgt/

aus, die sich gegen die ganz überwiegende Mehrheit richten. So integriert das Verschwörungsweltbild die weltweite Migration samt Migrationspolitik.

Oder die „Supermächtigen" planen, die Menschheit zu reduzieren und sind bereits dabei, diesen Plan umzusetzen. „Schon öfter wurde eine Bevölkerungsreduktion als eigentlicher Plan hinter dem ganzen Theater ins Feld geführt. Mittlerweile muss man konstatieren, dass dies die einzige Erklärung ist, die überhaupt noch Sinn ergibt, so man denn bemüht ist, Sinn in den uns ereilenden Ereignissen zu suchen."[238] Die Bevölkerungsreduktion planen die Supermächtigen im Verschwörungsweltbild entweder durch weniger Geburten oder durch mehr Sterben / Verhungern.

Geburten: Die Supermächtigen arbeiten mittels einer nicht weiter spezifizierten „Biopolitik" auf die Bevölkerungsreduktion hin; unter anderem mit einem „seit Jahrzehnten messbaren Einbruch der männlichen Fruchtbarkeit" als Folge. „Die Spermienzahl hat sich seit den 1970er-Jahren halbiert".[239] Aber es werden auch ganz konkrete „Strategien der Bevölkerungsreduktion"[240] genannt, die auf weniger Geburten hinauslaufen. Einige davon sind die „Senkung des Testosteronspiegels durch Ernährung, Umweltgifte und Inhalte für Erwachsene", die „Verabreichung von schädlichen experimentellen Gentherapien an Milliarden von Menschen" und die „Förderung von Agenden, die Kinder von klein auf über ihre Sexualität und ihr Geschlecht verwirren."[241] In der Logik des Verschwörungsweltbildes muss alles mit allem zusammenhängen. Die Zusammenhänge sind über seine Spitze vermittelt: Hinter all dem steckt die UN / WEF-Agenda 2030 – ein Instrument in den Händen der Supermächtigen.

Sterben / Verhungern: Das Ziel einer Bevölkerungsreduktion wird insbesondere hinter allen Versionen von Ökologiepolitik gesehen, die angeblich auf Verringerung der Produktivität der Landwirtschaft und darum auf das Verhungern eines Teils der Weltbevölkerung hinauslaufen. „Allem Anschein nach ist das WEF die weltweit mächtigste Organisation." Es „hat sich daran gemacht, eine Agenda zur dramatischen Entvölkerung der Welt umzusetzen."[242] Die Warnungen vor Übervölkerung und vor Umweltzerstörung, der Ukraine-Krieg und die expansive Geldpo-

238 Felix Feistel, Die Bevölkerungsreduktion. Rubikon 7. 10. 2022. https://www.manova.news/artikel/die-bevolkerungsreduktion

239 Milosz Matuschek, Wir Überzähligen. Manova 4. 5. 2023. https://www.manova.news/artikel/wir-uberzahligen

240 Thomas Oysmüller, Strategien der Bevölkerungsreduktion. Tkp 14. 8. 2023. https://tkp.at/2023/08/14/strategien-der-bevoelkerungsreduktion/

241 Ebd.

242 Uncut news 13. 7. 2023. Der große Hungersnot-Reset: Ihr werdet nichts besitzen und verhungern. https://uncutnews.ch/der-grosse-hungersnot-reset-ihr-werdet-nichts-besitzen-und-verhungern/

litik der US-Notenbank – all das sind Elemente der Agenda, die Weltbevölkerung zu reduzieren. Aus dem Gesamtzusammenhang werde ein Plan ersichtlich, über den mittlerweile von den Supermächtigen selbst „ungeniert Klartext gesprochen" werde.[243] Die Aufteilung der Gesellschaft in *Sie* und *Wir* lässt dabei nur ein Muster zu: „Wir Überzähligen"[244] sollen weniger werden, um den Planeten zu retten, und damit *Sie* mehr Platz haben. „Hier schließt sich der Kreis zu Foucault: Er hat auch den Begriff der ‚Biopolitik' geprägt — eine Form der Macht über Menschen, die durch staatliche Kontrolle von der Wiege bis zur Bahre geprägt ist, von Verhütungsfragen und Abtreibung über die Registrierung jedes menschlichen Lebewesens und dessen Medikalisierung bis zu Fragen der Sterbehilfe. Die krasseste Ausprägung der Biopolitik ist zweifellos die Bevölkerungsreduktion, also die gezielte Dezimierung der Menschheit."[245] Der Autor staunt dann darüber, dass das, was er aufdeckt, ohnehin allgemein zugänglich ist. Aber offensichtlich wollen *Wir* von der Gefahr nichts wissen. Seine Frage: „Ermuntert uns der Staat gerade zum Sterben? Wer Biopolitik sagt, denkt unweigerlich auch den Tod mit"[246], beantwortet sich im Verschwörungsweltbild selbst. Denn der Staat agiert im Interesse und Auftrag der Supermächtigen, und denen sind *Wir* nun mal zu viele.

Das Ende des freien Willens

Das Verschwörungsweltbild ist voller Kontrollprojekte der Supermächtigen. Aber Kontrolle ist nur die zweitbeste Möglichkeit, die Gesellschaft zu beherrschen. Kontrolle muss sich gegen den Willen der Leute immer wieder durchsetzen, ist aufwändig und nie lückenlos. Noch besser als den freien Willen der Leute zu brechen, ist, ihn abzuschaffen. Dem widmet sich im Verschwörungsweltbild die Sorge vor einer Eingriffstiefe von Herrschaft, die es den Leuten unmöglich macht, sich länger wehren zu wollen (Vobruba 2023: 96).[247] Dieses Gefahrenszenario sieht so aus:

„In früheren Krisen wurden Menschen unterdrückt, betrogen und ausgeplündert; in der gegenwärtigen Situation stellt sich die bange Frage, wie lange wir überhaupt noch Menschen bleiben können unter dem Ansturm des Transhumanismus, der künstlichen Intelligenz und unserer fortschreitenden Instrumenta-

243 Dr. Peter F. Mayer, Bevölkerungsreduktion als Ziel von Corona und Klimapanik? Tkp 3. 8. 2023. https://tkp.at/2023/08/03/bevoelkerungsreduktion-als-ziel-von-corona-und-klimapanik/

244 Milosz Matuschek, Wir Überzähligen. Manova 4. 5. 2023. https://www.manova.news/artikel/wir-uberzahligen

245 Ebd.

246 Ebd.

247 Tom-Oliver Regenauer, Die Ideologie der Zeitenwende. Rubikon 11. 6. 2022. https://www.manova.news/artikel/die-ideologie-der-zeitenwende

lisierung durch eine perfide globale Agenda."[248] Welche Weichen hat „die technokratische Elite" für die Menschheit gestellt? Es geht um nicht weniger als um ein neues Konzept des Menschen: „Die vierte industrielle Revolution verändert nicht das, was Sie tun, sondern Sie selbst .... Der Transhumanismus zielt auf Ihren freien Willen ab."[249] Treibende Kraft dahinter sind die üblichen Verdächtigen. „Die Konzepte des Transhumanismus und der Digitalisierung des menschlichen Lebens sind Teil der Agenda ‚The Great Reset', die erst dann abgeschlossen sein wird, wenn die Menschheit von einigen wenigen, nicht gewählten Personen versklavt wird, die die Welt durch Algorithmen und KI regieren."[250] Wie wird es dazu kommen? Erst werden Internet-basierte Lebensweise, zunehmende Digitalisierung des Alltags, Automatisierung von Dienstleistungen einerseits und umfassende Speicherung dabei anfallender Daten andererseits als Trends zur zunehmenden Verschmelzung von Mensch und Maschine und damit als endgültiger Verlust der humanen Substanz skizziert. Da bleibt kein Platz für Erwägungen, ob ein Diabetiker die Möglichkeit der Implantation eines Insulinspiegelmessgeräts mit angeschlossener KI-gesteuerter Insulinpumpe vielleicht eher nicht als Versklavung wahrnimmt. Wir sind dem Phänomen schon bei der Innovations-Skepsis begegnet: Das Verschwörungsweltbild hat kein Sensorium für Ambivalenzen, und die bedingungslose Positionierung gegen die Supermächtigen verdeckt differenzierte Interessenlagen. Stattdessen gibt es nur *Ihr* Interesse an umfassender Kontrolle und kleine Bequemlichkeiten für *Uns* als deren Camouflage. Das rächt sich, sobald es um praktische Konsequenzen der Skepsis geht.

Und dann geht es (manchmal unter Berufung auf Foucault) im Wege einer Art Extrapolation solcher Trends um den Angriff auf die Subjektivität selbst. „Aus der subjektiven Existenz eines Individuums wird im virtuellen Raum eine passgenaue digitalisierte Verdoppelung erschaffen, welche in Rückkopplung das menschliche Subjekt wiederum über Algorithmen perfekt kontrolliert und steuert. In einem weiteren Schritt werden die Körper invasiv mit digitalen Nanochips durchsetzt und in ihrer Physiologie diagnostiziert und durch Rückkopplung beeinflusst."[251] Das mag zwar den einen oder anderen Vorteil haben, der Bequemlichkeit dienen und durch Gewöhnung normal wirken. Aber „in Wirklichkeit bezahlen wir diese von reichen Machteliten angepriesene neue Wirklichkeit mit dem Verlust eines reflexiven Bewusstseins, der Aufgabe seelisch-geistigen Wachstums und

---

248 Elisa Gratias et al., Der Anfang ist gemacht. Manova 9. 7. 2023. https://www.manova.news/artikel/der-anfang-ist-gemacht

249 Uncut news 17. 1. 2023. Neudefinition der Bedeutung des Menschseins – Die vierte industrielle Revolution verändert nicht das, was Sie tun, sondern Sie selbst. https://uncutnews.ch/neudefinition-der-bedeutung-des-menschseins-die-vierte-industrielle-revolution-veraendert-nicht-das-was-sie-tun-sondern-sie-selbst/.

250 Ebd.

251 Volker Schuhmacher, Lügenbaron Lauterbach. Rubikon 26. 7. 2022. https://www.manova.news/artikel/lugenbaron-lauterbach

der Zerstörung unseres natürlichen Autoimmunsystems, ganz zu schweigen von einem radikalen Umbau unserer Gesellschaft mit angekoppelter Bevölkerungsreduktion."[252] Das ist die Quintessenz des „Transhumanismus-Projekts", mit dessen Realisierung das menschliche Individuum als Träger eines freien Willens verloren geht und von den herrschenden Verhältnissen restlos absorbiert wird. Die Transhumanismus-Dystopien werden mit der Prognose einer spezifischen Klassenspaltung kombiniert: „Genetische Optimierungen werden nur von reichen Menschen der globalen Oberschichten wahrgenommen werden können." Die „Menschen niederer Sklavenkasten, bestehend aus dem Großteil der Menschheit"[253] dagegen verlieren jegliche Möglichkeit der Selbstbestimmung und ihre Identität. Eine solche Spaltung ist zwingend. Denn die wenigen Supermächtigen, die das Transhumanismus-Projekt vorantreiben, müssen auch die Begünstigten des Transhumanismus sein.

Die Manipulationstechniken der Supermächtigen werden als bereits so weit fortgeschritten beschrieben, dass nur noch wenig Zeit für die Verteidigung der Subjektivität bleibt. Eile ist geboten, denn „die Päpste des Transhumanismus haben die ‚Optimierung' des Menschen von der Ausrottung allgemeiner Krankheitsrisiken bis zur möglichen Unsterblichkeit Einzelner noch für die erste Hälfte dieses Jahrhunderts auf die Tagesordnung gesetzt."[254] Wenn *Wir* uns nicht sehr bald wehren, werden *Wir* nicht mehr in der Lage sein, uns gegen *Sie* wehren zu wollen. Der Text „Die Digitalisierung der Menschheit zeigt, warum die globalistische Agenda böse ist" (Original USA) fasst all das knapp zusammen: „Der erste Schritt besteht darin, zu akzeptieren, dass die Verschwörung tatsächlich existiert. Der zweite Schritt besteht darin, zu akzeptieren, dass die Verschwörung bösartig und zerstörerisch ist. Der dritte Schritt besteht darin, sich zu weigern, der Verschwörung nachzugeben, mit welchen Mitteln auch immer."[255] Gegenwärtig besteht „die letzte Chance, umzukehren, bevor wir das Menschsein so verlassen haben, dass es keine Umkehr mehr gibt. Wir sind an der letzten roten Linie angekommen."[256] Also bleibt nur: Sich wehren, ehe es zu spät ist. „Mit welchen Mitteln auch immer." Das wird uns noch beschäftigen.

Ein kurzes Zwischenfazit: Die Analysen im Rahmen des Verschwörungsweltbildes sind politisch gemeint, es ergeben sich aus ihnen aber keine Ansätze für

---

252 Ebd.

253 Eric Markhoff, Die Höherzüchter. Rubikon 7. 5. 2021. https://www.manova.news/artikel/die-hoherzuchter

254 Kai Ehlers, Trojanisches Pferd des Transhumanismus. Rubikon 8. 7. 2020. https://www.manova.news/artikel/trojanisches-pferd-des-transhumanismus

255 Brandon Smith, Die Digitalisierung der Menschheit zeigt, warum die globalistische Agenda böse ist. Uncut news 13. 1. 2023. https://uncutnews.ch/die-digitalisierung-der-menschheit-zeigt-warum-die-globalistische-agenda-boese-ist/

256 Caroline Raasch, Erlösung oder Zerstörung. Manova 26. 7. 2023. https://www.manova.news/artikel/erlosung-oder-zerstorung

Strategien. Ein Autor sieht das selbst: „Was ich damit sagen will: Es hängt letztlich an Ihrer persönlichen Vorstellungskraft, was Sie aus beunruhigenden Informationen machen.“[257] Was liegt nahe? Es ist dieses Muster, das in zahlreichen Varianten wiederholt wird: Der Feind ist mächtig; die Gefahr, die von ihm ausgeht, ist immens; es bleibt nur noch wenig Zeit, dagegen etwas zu tun. Explizit oder implizit führt das zu der Schlussfolgerung, dass angesichts der Größe der Gefahr und der Zeitknappheit jedes Mittel der Gegenwehr legitim ist. Die Katastrophe ist zwar noch nicht unabwendbar, steht aber unmittelbar bevor. Diese Konstruktion von Knappheit der Zeit schafft Handlungsdruck und legitimiert alle Mittel.

Die Machtfrage

„Ein Rückzug in für das Regime unauffällige Kleinstgruppen scheint zwar ein möglicher Ausweg aus der aktuellen Situation, doch wäre er nur ein Kompromiss. Letztendlich muss der totalitäre Machtapparat fallen, die Freiheit der Menschen wiederhergestellt werden, und die Verantwortlichen für das Corona-Desaster müssen bestraft werden.“[258] Spiegelbildlich zum Rückzug aus der Gesellschaft werden politische Allmachtsphantasien entwickelt. Ein kompaktes Beispiel: „Auflösung der Parteien in ihrer bisherigen Form und Funktion, … Kündigung aller Verträge mit der internationalen Anwalts- und Beraterindustrie, die in den Ministerien seit Jahrzehnten Gesetze gegen die Interessen der Bevölkerung schreiben, Neugründung der Europäischen Union als ‚Europa der Völker‘, nicht der Konzernwirtschaft und Machteliten, Austritt aus der NATO, … , Austritt aus Weltbank, Internationalem Währungsfonds als Unterdrückungsprojekte des internationalen Finanz- und Anlagekapitals, … , Aufarbeitung des Corona-Plots, indem die dafür Verantwortlichen in Politik und Medien angeklagt und vor ein Tribunal gestellt werden, … völlige Neuordnung der Medien, das heißt

---

257 Felix Feistel, In der Abwärtsspirale. Manova 18. 4. 2023. https://www.manova.news/artikel/in-der-abwartsspirale. „Als ich vor Kurzem eine Übersicht über die Zugriffe auf hier veröffentlichte Artikel zu sehen bekam, stellte ich ziemlich schnell etwas fest: All die Analysen und Berichte, die das Negative, das Schlechte und Schlimme zum Gegenstand hatten, wiesen im Durchschnitt um einiges höhere Zugriffszahlen auf als jene Artikel, die dazu gedacht waren, Mut zu machen, positive Nachrichten zu überbringen, ermutigende Beispiele und Personen zu zeigen. Es scheint, als interessierten sich nur wenige dafür, was man alles besser und anders machen, wie man sich aus dem Elend der Welt zumindest ein Stück weit befreien kann. Stattdessen sind die meisten nur daran interessiert, ihr ohnehin schon negatives Weltbild bestätigt zu bekommen.“ Bemerkenswert.

258 Luca Freyn, Reif für die Scheidung. Rubikon 4. 11. 2021. https://www.manova.news/artikel/reif-fur-die-scheidung. Ich übergehe hier die Option Auswanderung (Flavio von Witzleben, Nichts wie weg! Rubikon 11. 1. 2022; dagegen der enttäuschte Bericht über Paraguay: Wolfgang Jeschke, Der Corona-Exodus. Rubikon 24. 6. 2021). Auswanderung verträgt sich jedenfalls nicht mit der Vorstellung von Corona als einer weltweiten Verschwörung.

Unterstellung unter volksdemokratische Kontrolle."[259] Man weiß, dass man mit solchen Vorstellungen in der Minderheit ist. Aber „glücklicherweise brauchen wir diese Mehrheit nicht. Die Mehrheit war immer und zu allen Zeiten konform mit der Macht, hat sich unterworfen und angepasst."[260] Die Selbstsuggestion, man sei eine Avantgarde, reicht bis zu Phantasien, man befinde sich in einem Krieg[261], und zu Umsturzphantasien mit potentiell terroristischen Konsequenzen. Aktivismus wird zusätzlich noch dadurch angeregt, dass die gegenwärtigen Verhältnisse als letzte Gelegenheit zu Gegenwehr dargestellt werden. Dass jetzt die letzte Gelegenheit ist, wird in unzähligen Versionen formuliert.

Das Gewaltpotential

Damit stehen wir vor der Frage nach einem Zusammenhang zwischen Verschwörungsdenken und Gewalt. Der Befund, der sich aus der Durchsicht der Texte ergibt, ist eindeutig: Überwiegend wird Gewalt abgelehnt. Das richtet sich ebenso gegen „Morddrohungen, von denen die Medien in den vergangenen Tagen berichteten, und die natürlich unter keinen Umständen gutzuheißen sind", wie gegen „Akteure[, die] meinen, sie müssten vor den privaten Häusern von Politikern demonstrieren."[262] Ohnehin lautet die Vermutung, „dass die allermeisten den Abenteuern der Gewalt zutiefst misstrauen."[263] Allerdings fällt ein eklatantes Missverhältnis zwischen der Größe der Gefahren und den Vorschlägen, wie darauf zu reagieren sei, auf. Die konkreten Vorschläge, was angesichts der drohenden Katastrophen zu tun sei, sind merkwürdig kraftlos. „Es ist noch nicht zu spät! Hier sind 23 Möglichkeiten, wie Sie sich dem Great Reset widersetzen können."[264] Einige Beispiele (sie sind im Original durchnummeriert): „1. Schalten Sie Ihren Fernseher aus. – Oder noch besser: Verkaufen Sie ihn."; „3. Essen Sie nicht mehr als 8g Zucker pro Tag."; „8. Schauen Sie für Land und bewirtschaften Sie es."; „11. Zahlen Sie mit Bargeld und vermeiden Sie Bonusprogramme."; „12. Ziehen Sie Heimunterricht in Betracht, damit Ihre Kinder nicht einer Gehirnwäsche unterzogen werden."; „16. Haben Sie mehr als zwei Kinder. – Die herrschende Klasse, insbe-

---

259 Ullrich Mies, Dystopische Aussichten. Rubikon 23. 9. 2021. https://www.manova.news/artikel/dystopische-aussichten

260 Felix Feistel, Ausweg Freiheit. Rubikon 24. 11. 2021. https://www.manova.news/artikel/ausweg-freiheit

261 Flo Osrainik, Willkommen an der Front, Teil 1/3. Rubikon 18. 1. 2022. https://www.manova.news/artikel/willkommen-an-der-front

262 Alexander Wiechert, Der Verzicht auf Rache. Rubikon 18. 1. 2022. https://www.manova.news/artikel/der-verzicht-auf-rache

263 Walter van Rossum, Dir Fälschung der Welt. Manova 5. 10. 2023. https://www.manova.news/artikel/die-falschung-der-welt-2

264 Uncut news 20. 4. 2023. https://uncutnews.ch/es-ist-noch-nicht-zu-spaet-hier-sind-23-moeglichkeiten-wie-sie-sich-dem-great-reset-widersetzen-koennen/

sondere die Eugeniker, versuchen, die Welt zu entvölkern.“; „18. Bewegen Sie sich mehr, und reduzieren Sie stattdessen Ihre Zeit in den sozialen Medien.“; „23. Unterstützen Sie unvoreingenommene Wissenschaftler und Journalisten. – Wir benötigen Ihre Unterstützung!“. Unter den Kommentaren zu den 23 Vorschlägen finden sich noch zahllose (um genau zu sein: 386) mehr oder weniger paranoide Ideen, wie man sich vom „gov't“ unabhängig macht, und ein nett-sarkastischer Vorschlag: „The most important step in avoiding government surveillance is posting your WEF hysteria on social media using your iPhone.“

Noch unverbindlicher ist der folgende Leitfaden. Von der Seite Uncut news, die „10 Wege, die Neue Weltordnung zu stoppen“[265], ankündigt, kommt man auf „Stop World Control“ und zu Empfehlungen wie: „Be courageous, inform the public, inform authorities, get involved …“[266] Gemessen an der immensen Gefahr, als die das WEF und der Great Reset immer wieder beschrieben werden, wirken all diese Ratschläge sehr harmlos. Aber das Problem besteht gerade darin, dass sie der Größe und der Dringlichkeit der Gefahr, die sie bannen sollen, ganz offensichtlich nicht angemessen sind. Das trifft auch für den Aufruf zu, was im Fall der Wiedereinführung von Pandemiemaßnahmen im Herbst 2023 (die nicht kamen) zu tun sei: Man muss gegen „die Fortsetzung des Horrorfilms, der uns alle verändert hat“, ein „unbeugsames Nein“[267] stellen. Und? Durch die Unbestimmtheit der Konsequenzen, die sich aus der Bedrohungslage im Verschwörungsweltbild ergeben, entsteht Raum für Aktionismus. In einigen, wenigen Quellen finden sich dann doch konkretere Vorschläge.

Einerseits wird immer wieder betont, wie wichtig Gewaltfreiheit ist: „Der Weg der Gewaltlosigkeit ist dabei in doppelter Hinsicht das geeignete Mittel der Wahl. Es wäre ein kaum aufzulösender Widerspruch und ein Irrweg, wenn der Weg in eine allseits befriedete Welt ein gewaltsamer wäre.“[268] Jedoch bleibt die Gewalt-Option präsent. Das deutet sich schon in Wortmeldungen an, in denen der Gewaltverzicht taktisch begründet wird. „Guter Widerstand ist erst mal gewaltfrei. Es ist nachgewiesen, dass gewaltfreier ziviler Ungehorsam deutlich effektiver ist als gewaltsamer. Letzterer spielt dem Staat in die Hände.“[269] Denn angeblich ist der Staat an Eskalation interessiert. Er will: „Spaltung, Trennung, Isolation. Angst, Panik, Hilflosigkeit, Verzweiflung. Bedürftigkeit, Verarmung,

265 Uncut news 6. 6. 2023. https://uncutnews.ch/wie-intelligente-staedte-die-menschheit-in-freiluft-konzentrationslager-sperren-werden/

266 https://stopworldcontrol.com/guide/

267 Gönül Freyseel, Das unbeugsame Nein. Manova 6. 9. 2023. https://www.manova.news/artikel/das-unbeugsame-nein

268 Thiemo Kirmse, Anleitung zum Systemwechsel 3/3. Rubikon 27. 7. 2022. https://www.manova.news/artikel/anleitung-zum-systemwechsel-3

269 Milosz Matuschek, Intelligenter Widerstand. Rubikon 23. 12. 2021. https://www.manova.news/artikel/intelligenter-widerstand

Abhängigkeit von Hilfen. Orientierungslosigkeit, Verlust von Maßstäben."[270] Der Gewaltverzicht kann aber auch unter Vorbehalt gestellt werden. Daraus ergibt sich eine latente Drohung: „Gewaltfreie Konfliktaustragung ist zunehmend schwer vorauszusehen. Repression fordert jede Widerstandsbewegung heraus; es ist aber weder vorhersagbar, ob sie gewaltfrei bleiben wird, noch welches Ergebnis die Repression bringt."[271]

Andererseits ist Gegenwehr erforderlich. Das reicht bis zu dem im Einfachdenken angelegten Extremismus und zu Gewaltphantasien. Als missglückte Ironie: Eine Autorin berichtet von ihrer Reaktion auf das ihrem Empfinden nach unangemessene Verhalten der Sprechstundenhilfe ihrer Hausärztin: „Ich habe noch kurz überlegt, ob ich mit der Assistentin diskutieren oder sie erschießen soll. Diskutieren erschien mir wenig erfolgversprechend. Erschießen scheiterte mangels Waffe. So verließ ich grußlos die Praxis."[272] Empört über den von ihm imaginierten Zustand der Gesellschaft deklariert ein anderer Autor seine Gewalttoleranz: „Dennoch scheint im wohlstandsverwahrlosten Wertewesten nebst sozialem Unfrieden nun selbst der Bürgerkrieg in den Bereich des Möglichen zu rücken. Der Lynchmob ist nicht mehr ganz abwegig."[273] Und schließlich ohne erkennbare Distanzierung: „Wie jetzt? Skandal! Nein, halt, viel mehr noch – Aufstand und Welt-Rebellion! Die Parlamente, Stiftungshallen und Fernsehstudios müssten brennen, der globale Megaprozess in Vorbereitung sein."[274] Und: „‚Wenn es einen Ort gibt, auf den man eine Atombombe wirft, dann wäre Davos genau der richtige', räsoniert ein Kommentar auf YouTube anlässlich der Liveübertragung der Feierlichkeiten in den Schweizer Alpen. Wie immer das gemeint sein mag, es wäre mit Sicherheit ein sogenannter Enthauptungsschlag. Von denen, die unsere Welt regieren, blieben nicht allzu viele übrig."[275] Hier dokumentiert sich eine Gewalttoleranz (Vobruba 2023), die sich hinter einer dritten unbekannten Person versteckt. Noch diese Phantasie folgt der absolutistischen Struktur/dem hierarchischen Aufbau des Verschwörungsweltbildes: Der „Enthauptungsschlag" richtet sich gegen die Supermächtigen ganz oben. Und es zeichnet sich noch eine Konsequenz ab: Da die „ganz oben" faktisch unerreichbar sind, und ein Atomschlag unrealistisch, liegt es nahe, realistischere Gewaltphantasien auf jene zu richten, die man als Erfüllungsgehilfen der Supermächtigen ansieht.

270 Ebd.

271 Alexander Wiechert, Die Gewaltfalle. Rubikon 9. 2. 2021. https://www.manova.news/artikel/die-gewaltfalle

272 Andrea Wiedel, Das Post-Lockdown-Syndrom. Rubikon 27. 7. 2022. https://www.manova.news/artikel/das-post-lockdown-syndrom

273 Tom-Oliver Regenauer, Kakofonie des Korporatismus. Rubikon 20. 12. 2022. https://www.manova.news/artikel/kakofonie-des-korporatismus

274 Flo Osrainik, Die Impf-Fanatiker. Rubikon 30. 9. 2021. https://www.manova.news/artikel/die-impf-fanatiker

275 Walter van Rossum, Geschichtlicher Wendepunkt. Rubikon 28. 5. 2022. https://www.manova.news/artikel/geschichtlicher-wendepunkt

Um noch einmal zu betonen: Das sind Einzelfälle. Das Entscheidende ist, dass der Zusammenhang von gewaltiger Bedrohung, allgemeiner Betroffenheit und Zeitdruck den Einsatz beliebiger Mittel nahelegt und als im Interesse aller legitimiert. Das Gefahrenpotential des Verschwörungsweltbildes ergibt sich aus der Unbestimmtheit seiner Konsequenzen.

Ich erinnere noch einmal an die These, die meine Untersuchung leitet. Sie lautet, dass die Kollision zwischen komplexer Realität und Alltagsdenken eine Logik der Welterklärung aktiviert, in der alles Erklären auf ein Handlungszentrum als Verursacher hinausläuft, eine Logik also, die dazu nötigt, alles, was der Fall ist, auf eine Intention zurückzuführen, die es hervorgebracht hat. Eine Logik und ihre Operationsweise zu erkennen erfordert eine Abstraktionsleistung. Sie besteht darin, gleiche Interpretationsmuster an unterschiedlichen Semantiken nachzuweisen. Man kann auch sagen: Die These, dass es sich um ein und dieselbe Logik handelt, sollte sich anhand möglichst unterschiedlicher Fälle plausibel machen lassen. Die Leistungsfähigkeit einer Logik wird umso deutlicher, je unterschiedlicher die Semantiken sind, in denen sie operiert. Ein historischer Zufall beschert uns dazu eine Quasiexperimentalsituation: Corona-Krise und Ukraine-Krieg. Die These, dass Einfachdenken gegen bedrohliche Komplexität im Alltag eingesetzt wird, ist dann in hohem Maße plausibel, wenn sich in beiden Fällen das Operieren derselben Logik zeigen lässt.

Von Corona zum Ukraine-Krieg

„Die ‚Bewegung Leipzig' hatte für die gleiche Zeit eine Demonstration unter dem ‚Für Frieden und eine freie Impfentscheidung für Alle' angemeldet. Hier nahmen in der Spitze 68 Personen am Aufzug teil", schreibt die Leipziger Volkszeitung am 5. 6. 2022. Die Kombination aus Putin-Nähe und Impfskepsis verkaufte sich schlecht. Sehr bald nach dem Start des russischen Kriegs gegen die Ukraine wurde im Querdenker-Milieu Thema, dass der Ukraine-Krieg eine ernsthafte Gefahr für die Gemeinde der Corona-Verschwörungserzähler darstellt (Wetzel, Nissen, Kiess 2022). Angesichts des offensichtlichen Bruchs des Völkerrechts und der Grausamkeiten konnte man kaum mit viel Sympathie für die russische Seite rechnen, und es wurde befürchtet, dass dies „die Coronaoppositionellen" spalten werde[276]. Die Suche nach einigenden inhaltlichen Gemeinsamkeiten auf Basis des Corona-Themas führte allerdings erst einmal zu ausgeprägter Putin-Skepsis.

276 Lisa Maria Lewin, Krieg als Spaltpilz. Rubikon 2. 3. 2022. https://www.manova.news/artikel/krieg-als-spaltpilz; Nicolas Riedl, Den Spaltpilz ausrupfen. Rubikon 12. 3. 2022. https://www.manova.news/artikel/den-spaltpilz-ausrupfen

„Wer die Coronamaßnahmen kritisiert, kommt nicht umhin, auch Putin oder zumindest den russischen Staat zu kritisieren."[277] Das war keine Lösung.

Eine gewisse Prädisposition zu einer Haltung, die mit der Kriegspolitik Putin-Russlands sympathisiert, ergibt sich aus dem folgenden Zusammenhang. Im Zuge der Corona-Pandemie wurde Verschwörungsdenken manifest und weiter verstärkt. „Das Gefühl von Kontrollverlust" (Decker, Kiess, Brähler 2013: 157) fördert den Glauben an Verschwörungen, die den Gang der Welt und das eigene, individuelle Schicksal bestimmen. Die Neigung zu Verschwörungsdenken korreliert mit autoritären Einstellungen. Und „autoritäre Charaktere wollen Autoritäten, die stark und mächtig sind, damit sie ihre Unterwerfung vor sich selbst rechtfertigen können." (ebd.: 160) Lassen wir dahingestellt, ob die Rechtfertigung von Selbstunterwerfung ein entscheidender Punkt ist. Jedenfalls sind die bei Verschwörungsgläubigen typischen autoritären Einstellungen ein begünstigender Faktor, wenn auch keineswegs die hinreichende Bedingung für Putin-Anhängerschaft. Das zeigen die zusätzlichen publizistischen Anstrengungen, um Corona und den russischen Krieg gegen die Ukraine miteinander zu verknüpfen. Um die Energien des Corona-Protests in eine tolerierende bis zustimmende Haltung zum russischen Krieg gegen die Ukraine umzumünzen, musste ein gemeinsamer Nenner gefunden werden, der – notwendigerweise – nur wenig konkret sein konnte. Gefunden wurde: Angst. Corona macht Angst, die Vorgänge in der Ukraine machen Angst. Also sind beide – Corona und Krieg – von den Supermächtigen inszeniert. Denn Angst macht die Leute der Ausübung ihrer Macht zugänglich. Siehe oben.

Im *ersten Schritt* wurde die Vermutung stark gemacht, dass Corona-Pandemie und Ukraine-Krieg, was auch immer ihre Ursachen sein mögen, in ihren Effekten auf dasselbe hinauslaufen: „Ob Putin nun für oder gegen den Great Reset kämpft, ist unerheblich – so oder so spielt der Ukrainekrieg der Neuen Weltordnung zu."[278] Man mag die Vorstellung des „Great Reset" für abwegig halten – die Frage nach einem Effekt lässt sich jedenfalls sinnvoll stellen. Aber eine so offene Formulierung des Zusammenhangs zwischen Ukraine-Krieg und Neuer Weltordnung, bei der systematisch zwischen handlungsleitenden Intentionen (Warum führt Putin diesen Krieg?) und empirischen Effekten (Was sind die Wirkungen dieses Kriegs?) unterschieden wird, passt nicht ins Verschwörungsweltbild. Darum wird die Differenz zwischen Intention und Effekt gleich wieder einkassiert und die Ordnung des Verschwörungsweltbildes wieder hergestellt. „Gegen wen kämpft Russland, und wen will es schützen? Geht es um die Ukraine und deren mögliche Mitgliedschaft in der NATO, geht es um die in der Ukraine le-

277 Lisa Maria Lewin, Krieg als Spaltpilz. Rubikon 2. 3. 2022. https://www.manova.news/artikel/krieg-als-spaltpilz;

278 Simone Hörrlein, Katalysator der globalen Umgestaltung. Rubikon 26. 4. 2022. https://www.manova.news/artikel/katalysator-der-globalen-umgestaltung

bende russische Bevölkerung, oder ist dieser Krieg vielleicht eine ‚False Flag', um dem Great Reset einen Turbo zu verpassen, um weltweit die gleichen freiheitsberaubenden Maßnahmen wie in totalitär geprägten Nationen durchzusetzen?"[279] Die Logik des Einfachdenkens setzt sich durch: Der Krieg als eine Inszenierung in der Absicht, den Umsturz der Weltordnung im Interesse der Superreichen zu beschleunigen.

Im *zweiten Schritt* entfaltet sich die Logik des Einfachdenkens bei der Interpretation des Ukraine-Krieges voll. Corona-Krise und Ukraine-Krieg werden auf dasselbe Ziel bezogen und so mit derselben Intention erklärt. „Das Coronaregime und die Ukrainekrise sind Instrumente, um die Mobilität der Bevölkerung einzuschränken und die Agenda des Great Reset voranzutreiben."[280] Um das Argument in dieser Form zu vervollständigen, muss ein übergeordnetes Handlungszentrum gefunden werden, welches „die Instrumente" einsetzt. Die Argumentation ist einfach: Der Kapitalismus steckt in seiner tiefsten Krise seit dem Ende des Zweiten Weltkriegs. „Die Herrschenden in den Bank- und Konzernzentralen entwickelten eine ‚Lösung' in ihrem Sinne, nämlich eine Marktbereinigung durch Kapitalvernichtung, vorerst durch ein mit einer ‚Pandemie' legitimiertes globales Notstandsregime, zukünftig womöglich auch wieder verstärkt durch Krieg."[281] Im Alltag machen sich die Pläne „der Herrschenden" als Einschränkungen der Mobilität bemerkbar, in der Corona-Krise durch Lockdowns, im Ukraine-Krieg durch gestiegene Treibstoffpreise. Der Rekurs auf *Sie*, die Herrschenden, führt zu dem Schluss, es handle sich um einen „Krieg, bei dem die gegnerischen Parteien hinter den Kulissen gleichlautende Strategiepapiere veröffentlichen, welche einer neuen internationalen Ordnung unter Führung der UN das Wort reden." Folglich: „Im Ukrainekrieg ist nichts, wie es scheint."[282] Die Wahrheit erschließt sich auch hier, indem man genau das Gegenteil dessen annimmt, was der Fall ist: „Die westlichen Gesellschaften befinden sich auf einem rigorosen Selbstzerstörungskurs, offenbar gewillt, jeden Preis für eine temporäre Erhaltung ihres obszönen Wohlstands zu bezahlen. Nun forcieren sie eine direkte Konfrontation der NATO mit den östlichen Großmächten Russland und China, und das mitten in Europa – sehr gut daran zu erkennen, dass alle Beteiligten betonen, wie wenig Interesse sie an einer solchen Konfrontation hätten."[283] Alles ist Schein. Hinter dem Schein werden die Konflikte in einer höheren, perfiden Rationalität aufgehoben. Auch Putin-Russland wird von den Supermächtigen, die im Hintergrund die Fäden ziehen, für

---

279 ebd.

280 Eric Angerer, Die bewegungslose Gesellschaft. Rubikon 27. 4. 2022. https://www.manova.news/artikel/die-bewegungslose-gesellschaft

281 ebd.

282 Tom-Oliver Regenauer, Falsche Freunde, falsche Feinde. Rubikon 2. 4. 2022. https://www.manova.news/artikel/falsche-freunde-falsche-feinde

283 Felix Feistel, Im Zerstörungswahn. Rubikon 5. 4. 2022. https://www.manova.news/artikel/im-zerstorungswahn

den „Great Reset“ eingespannt. „Russland ist immer noch am Great Reset beteiligt“.[284] Es haben „die USA, Kanada, die EU-Länder, Russland und China sowie die anderen BRICS-Länder bewiesen, dass sie von einigen Marionetten-Regierungen geführt werden, die von einem einzigen Machtzentrum kontrolliert werden, das wir ohne Übertreibung als Weltregierung bezeichnen können.“[285] Konflikte, auch Kriege, müssen darum von diesem einen Machtzentrum inszeniert sein, sind darum Scheinkonflikte, mit denen etwas anderes bezweckt wird. So „fügt sich der Krieg perfekt in die globalistische Strategie ein, die darauf abzielt, die Nationalstaaten zu entvölkern, die Wirtschaft zu zerstören, die Massen zu verarmen und ein allgemeines Chaos zu verursachen, was alles die Voraussetzungen für die Errichtung der Neuen Weltordnung darstellt.“[286] Die Interpretationskraft des Verschwörungsweltbildes vermag auch noch einen Zusammenhang zwischen dem russischen Überfall auf die Ukraine und dem „Jüdischen Kongress“ herzustellen. „In der Weltpolitik sollte Russland immer noch als das Land angesehen werden, das den Willen des Hauses Rothschild für eine neue Aufteilung der Welt ausführt, weil es dem Russischen Jüdischen Kongress passt und ihm eine dauerhafte Herrschaft über den Raum der postsowjetischen Republiken gewährt, was nicht nur Kiew, sondern auch Washington nicht verstehen will.“[287]

Der *dritte Schritt* veranschaulicht, wie die Logik des Einfachdenkens, hat man sie erst einmal adoptiert, sich alles unterwirft. Auch die Geschichte. Da die Welt von einer supermächtigen Spitze gesteuert wird, gibt es keinen wirklichen Konflikt, sondern nur inszenierte Auseinandersetzungen. Denn für die Vorstellung, dass es mehr als ein Handlungszentrum gibt, ist im Verschwörungsweltbild kein Platz. In seine Logik wird letztlich alles aus einer einheitlichen Intention abgeleitet. Darum muss es hinter jedem Konflikt – und wenn er noch so erbittert ausgetragen wird – eine Instanz wirken, die ihn inszeniert; eine Instanz, in der er sozusagen aufgehoben ist. Wie zwingend diese Logik wirkt, kann man an der Absurdität der Ergebnisse erkennen, zu denen sie führt.

Wenn die A-priori-Annahme lautet, dass alles, was sich ereignet, dem zentralen Willen entspringt, eine faschistische Weltherrschaft zu errichten, dann ist das Ende von Nazi-Deutschland nicht die Niederlage, sondern die Durchsetzung

---

284 Uncut news 10. 4. 2023. https://uncutnews.ch/russland-ist-immer-noch-am-great-reset-beteiligt/

285 Uncut news 7. 7. 2023. Demnächst: Die apokalyptische Phase der Technokratie und des Transhumanismus. https://uncutnews.ch/demnaechst-die-apokalyptische-phase-der-technokratie-und-des-transhumanismus/

286 Ebd.

287 Uncut news 27. 12. 2022. https://uncutnews.ch/tschechische-medien-die-globalisten-auf-der-titelseite-von-the-economist-sagen-den-energietod-der-bevoelkerung-bis-2023-voraus-und-noch-einiges-mehr/. Bei diesem Text handelt es sich um eine verschwörungsdenkerische Prognose der globalen Entwicklung im Jahr 2023 anhand einer Interpretation der Titelseite des Economist, Christmas Double Issue, December 24th 2022 – January 6th 2023.

des Faschismus. „Es gehört wohl zu den größten Skandalen unserer Zeit, dass die Maschinerie der Wall Street und der City of London, die Hitler und Mussolini als Rammböcke für eine neue Weltordnung finanzierten, nie wirklich vor Gericht gestellt wurde.“[288] Also: „Nein, der 8./9. Mai ist wahrlich kein Tag des Sieges; der Faschismus wurde nicht besiegt, ihm wurde der rote Teppich ausgerollt, auf dem sich heute die Technokraten tummeln und dort ihrem bisher größten eugenischen Programm ‚Plandemie‘ mit der gleichzeitig größten Wohlstandsumverteilung von den Armen zu den Reichen glücklich zusehen.“[289] Wenn letztlich alles auf *ein* Handlungszentrum zurückzuführen ist, dann ist der Zweite Weltkrieg eine zentral angeleitete Inszenierung. Wie schon gesagt: Die Logik ist unerbittlich.

---

288 Birgit Naujeck, Die Modellierung des Menschen 1/3. Rubikon 4. 5. 2022. https://www.manova.news/artikel/die-modellierung-des-menschen

289 Birgit Naujeck, Kein Tag des Sieges. Rubikon 20. 5. 2022. https://www.manova.news/artikel/kein-tag-des-sieges

IX Eigentlich ist nichts zu machen

Verschwörungsdenken als Gesellschaftskritik

Vorweg muss die philosophisch-soziologische Tradition beiseitegestellt werden, in der Gesellschaftskritik als ein exklusiv akademisches Projekt oder etwas ähnlich Erhabenes angesehen wird, das im Wesentlichen der Wissenschaft vorbehalten ist. Erst daraus ergibt sich die Möglichkeit, Kritik der Gesellschaft als empirischen Sachverhalt zum Gegenstand einer Soziologie der Kritik zu machen.[290] Auf dieser Grundlage kann man sich der Frage, ob Verschwörungsdenken Gesellschaftskritik ist, in zwei Schritten nähern. Erstens braucht man zumindest die Skizze eines Vorverständnisses, was Kritik bedeutet und auf wessen Kritik es soziologisch ankommt. Und zweitens muss man die Konsequenzen ausloten, die sich aus dem Spannungsverhältnis zwischen Interpretieren und Handeln, in dem Kritik steht, ergeben.

Die Soziologie beobachtet und interpretiert, in welcher Weise die Leute die sozialen Verhältnisse beobachten, interpretieren und dementsprechend handeln (Vobruba 2019b: VIIff.). Indem die Soziologie der Kritik Gesellschaftskritik als einen Sachverhalt in der Gesellschaft nimmt, rückt sie sich in die Position einer Beobachterin zweiter Ordnung. Das bedeutet: Wie auch immer die Soziologie sonst zu Kritik stehen mag, sie kann Kritik als Untersuchungsobjekt behandeln. Konsequent geht auch die Soziologie der Kritik in diesen Schritten vor: Sie beobachtet und interpretiert, wie die Leute die sozialen Verhältnisse beobachten, kritisch interpretieren und dem entsprechend handeln. Ist also Verschwörungsdenken Gesellschaftskritik? Diese Frage hat zwei Teile: Geht es um *Gesellschaft*? Und geht es um *Kritik*?

Artikuliert sich im Verschwörungsdenken eine spezielle Version von *Gesellschafts*kritik? Dass im Zentrum des Verschwörungsweltbildes eine von Unzufriedenheit durchtränkte Gesellschaftsinterpretation steht, ist ja mittlerweile klar; ebenso, dass es sich im verschwörungsdenkerischen Selbstverständnis dabei um Gesellschaftskritik handelt. Hier nur noch ein krasses Beispiel: „Unter dem Deckmantel des gefälschten ‚COVID-Virus‘ haben die privilegierten, machtbesessenen Parasiten, die den Reichtum der Welt an sich reißen, ihren seit Langem bestehenden Plan, ein einziges globales Imperium zu schaffen, das vollkommen unter ihrem Kommando steht, stark beschleunigt. Dieses einzige globale Imperium wird letztlich die Dienste aller transnationalen Institutionen

290 Ich kann und will in diesem Text nicht auf die Kontroverse zum Verhältnis von Kritischer Soziologie und Soziologie der Kritik eingehen. Solange es keine Überblicksdarstellung gibt, vgl. dazu Vobruba 2020: 61 ff.

auf dem Planeten in Anspruch nehmen, um jeden Aspekt des menschlichen Lebens zu regulieren und zu kontrollieren."[291] Die Logik der Handlung, die das Verschwörungsweltbild dominiert, bedingt, dass sich alles auf die Intention einer Spitze, eines supermächtigen Handlungszentrums, zurückführen lässt. Darum kann Verschwörungsdenken gar nicht anders, als Gesellschaft insgesamt in den Blick zu nehmen. Und da dieses Handlungszentrum böse Intentionen verfolgt, ist die Gesellschaft insgesamt schlecht. Und da die Gesellschaft von einer supermächtigen Spitze beherrscht wird, sind graduelle Verbesserungen undenkbar. Aus dem Verschwörungsweltbild kann sich nichts Anderes ergeben als totale und radikale Gesellschaftskritik. Das ist der erste, der interpretierende Teil von Verschwörungsdenken als Gesellschaftskritik.

Der zweite Teil der Gesellschafts*kritik* betrifft die Verbindung vom Interpretieren zum Handeln. Aus den unterschiedlichsten sozialwissenschaftlichen Beiträgen zum Thema Kritik lässt sich destillieren, dass Kritik in einem eigentümlichen Spannungsverhältnis zwischen Praxis und Theorie stattfindet (Vobruba 2020a). Praxis und Theorie analytisch zu unterscheiden, ist möglich und erforderlich, doch ist es ein Kennzeichen von Kritik, dass sich diese Unterscheidung in ihrem praktischen Vollzug nicht strikt durchhalten lässt. Wie auch immer Kritik in Theorie verankert sein mag, die Art und Weise ihres Beobachtens und Interpretierens verweist auf Handeln. Wenn das Moment des Handelns für Kritik konstitutiv ist, hat das für das soziologische Verständnis von Kritik Folgen. Mit dem Einbeziehen von Handeln in das soziologische Kritikverständnis werden Akteursdeutungen relevant. Denn Handeln wird angeleitet durch die (kritische) Interpretation der Verhältnisse. Die Frage der Soziologie der Kritik lautet dann: Welche Akteure interpretieren welche sozialen Verhältnisse in welcher Weise als kritikwürdig? Der soziologische Kritikbegriff muss also so angelegt sein, dass soziologisch beobachtbar ist, ob die Akteure etwas als kritikwürdig interpretieren. Dafür gibt es ein untrügliches Anzeichen: Die Akteure gehen von einer Unterscheidung aus, deren eine Seite sie an der anderen messen. Die gegebenen sozialen Verhältnisse werden beschrieben und an einem Maßstab gemessen, der zugleich auf eine als besser deklarierte Alternative verweist. Genau das unterscheidet Kritik vom leidenschaftslosen Vergleich. Am Verweis auf eine bessere Alternative knüpft das Aktivistische von Kritik an, ihr Verweis auf Handeln. Darum ist für Kritik konstitutiv, dass sich die Akteure selbst als Kritiker oder kritisch verstehen und deklarieren. Die soziologische Beobachtung richtet sich dann darauf, wer was anhand welcher Kriterien an den sozialen Verhältnissen kritisiert.

Die nächsten Fragen lauten: Verstehen sich Verschwörungsdenkende als Gesellschaftskritiker? Ja, das tun sie. Es gibt zahllose Belege dafür, dass sich die Ver-

---

291 Uncut news 12. 6. 2023. https://uncutnews.ch/auf-dem-weg-zu-einem-globalen-imperium-die-menschheit-ist-zu-einem-unipolaren-gefaengnis-und-einem-digitalen-gulag-verurteilt/

schwörungsdenker als Gesellschaftskritiker sehen. Hier nur zwei Beispiele: Rubikon beschrieb sich selbst mit der prägnanten Formel „Das Magazin für die kritische Masse". Und in Uncut news beginnt ein Text mit dem programmatischen Satz: „In einer von Misstrauen und Skepsis geprägten Welt, in der sich die Macht in den Händen einiger weniger Privilegierter und riesiger Unternehmen zu konzentrieren scheint, stellen kritische Denker die Absichten und Handlungen prominenter Einrichtungen wie des Weltwirtschaftsforums (WEF) und der bekannten Persönlichkeit Bill Gates in Frage."[292] Gerne bezeichnet die Verschwörungspublizistik ihre Kritik als „schonungslos".

Die Gesellschaftskritik des Verschwörungsweltbildes hat ein aktivistisches Moment: Alle Versionen laufen auf die Vorstellung hinaus, dass die Weltherrschaftspläne zwar weit fortgeschritten, aber noch nicht ganz realisiert sind. Die Welt ist noch kein „Freiluftgefängnis", steht aber unmittelbar davor, eines zu werden. „Was gerade passiert, ist nicht weniger als eine Machtergreifung. Die EU ist Steigbügelhalter und Experimentierfeld für die Welt ... die Welt muss jetzt gegen den globalen Gesundheitstotalitarismus aufstehen."[293] Über Zeitdruck werden die kritischen Gesellschaftsinterpretationen mit Handeln verknüpft. Insgesamt: Da im Verschwörungsweltbild alles von einer bösen Gesellschaftsspitze bewirkt wird und darum übel ist, ergibt sich daraus eine fundamentale und zugleich personalisierte Kritik der sozialen Verhältnisse. Gesellschaft wird „als Totalität" kritisiert, die Kritik wird als Schuld-Vorwurf vorgetragen, und sie weist auf einen Totalumbau der Gesellschaft.

Die Totalkritik der schlechten Gesellschaft birgt freilich ein Problem. Einerseits kann die Gesellschaftskritik, die sich aus dem Verschwörungsweltbild ergibt, nur Kritik der Gesellschaft in ihrer Totalität sein. „Wenn das Ganze das Falsche ist, dann müssen wir das Ganze ins Visier nehmen."[294] Andererseits erfasst der schlechte gesellschaftliche Zusammenhang auch *Uns*, die Kritiker. „Ideologien haftet die hässliche Eigenschaft an, alles und jeden zu unterwerfen."[295] Das trifft zwar in dieser Allgemeinheit für Ideologien nicht zu, stimmt aber im Rahmen des Verschwörungsweltbildes. Denn wenn im Verschwörungsweltbild alles auf ein Handlungszentrum zurückgeführt wird, muss auch die von ihm ausgehende ideologische Verblendung alle erfassen. Konsequent muss sich der alles erfassende Verschwörungsverdacht auch gegen seine Urheber wenden. Und zwar

292 Uncut news 10. 5. 2023. https://uncutnews.ch/die-entlarvung-des-great-reset-schwab-gates-und-das-finstere-wef-komplott-zur-entvoelkerung-der-welt-mit-covid-impfstoffen-und-klimawandel-luegen-als-rezept-fuer-die-katastrophe/

293 Milosz Matuschek, Die Welt als Freiluftgefängnis. Manova 1. 7. 2023. https://www.manova.news/artikel/die-welt-als-freiluftgefangnis

294 Walter van Rossum, Die Fälschung der Welt. Manova 5. 10. 2023. https://www.manova.news/artikel/die-falschung-der-welt-2

295 Peter Frey, Die Krisenprofiteure. Rubikon 27. 7. 2022. https://www.manova.news/artikel/die-krisenprofiteure

so: „Das Gerücht, dass Eliten uns beherrschen, haben diese wahrscheinlich selbst in die Welt gesetzt."[296] Ist das das Ende aller Kritik? Wie kann ich mir in dieser Gesellschaft selbst trauen? Wir sind diesem Problem schon im Kapitel über Manipulation begegnet. Wie gesagt: Das gilt nicht für jede Art der Ideologiekritik, ist aber im Verschwörungsweltbild ein nicht zu bewältigendes Problem. Der alles erfassende Verschwörungsverdacht wendet sich auch gegen seine Urheber.

Das Paradigma einer Kritik, die sich gegen sich selbst wendet, ist in der Dialektik der Aufklärung ausgearbeitet. Deutlich wird das insbesondere im Empirienahen Kapitel über die Kulturindustrie. Die Leitthese des Buches, dass Aufklärung sich gegen den Mythos mit Mitteln durchsetzt, die sich gegen sie wenden, wird dort in einer Kette funkelnder Formeln konkretisiert, die die kulturindustrielle Abdichtung der schlechten gesellschaftlichen Realität fassen. „In der falschen Gesellschaft hat Lachen als Krankheit das Glück befallen und zieht es in ihre nichtswürdige Totalität hinein." Und „noch dort, wo das Publikum gegen die Vergnügungsindustrie aufmuckt, ist es die konsequent gewordene Widerstandslosigkeit, zu der es jene selbst erzogen hat." Es gibt keinen Ausweg. „Man hat nur die Wahl, mitzutun oder hinterm Berg zu bleiben: die Provinziellen, die gegen Kino und Radio zur ewigen Schönheit und zur Liebhaberbühne greifen, sind politisch schon dort, wo die Massenkultur die Ihren erst hintreibt." (Horkheimer, Adorno 1944/1960: 149, 153, 156) Hasen verlieren in der Igel-Welt immer.

Das Programm von Michel Foucault, die Macht des Wissens mit der Subversion des Wissens der Leute auszuhebeln, läuft in ein analoges Problem. „Das Individuum ist eine Wirkung der Macht, und es ist zugleich eben in dem Maße, wie es eine Wirkung ist, ein Überträger: Die Macht geht durch das Individuum hindurch, das sie konstituiert hat." (Foucault 2010: 34) Das Problem für die Wirksamkeit von Kritik der Macht, die derart in die Gesellschaft eingelassen ist, fasst Habermas so: „*Jede* Gegenmacht bewegt sich schon immer im Horizont der Macht, die sie bekämpft, und verwandelt sich, sobald sie siegreich ist, in einen Machtkomplex, der eine andere Gegenmacht provoziert." (Habermas 1985: 330; Herv. i. O.) Wenn sich eine wirksame Kritik der Macht in einer Gesellschaft, deren Mitglieder von der Macht durch und durch vereinnahmt sind, überhaupt denken lässt, dann wird die Kritik in einem Kreislauf von Macht doch immer wieder absorbiert. Keine Chance, länger als einen Moment „nicht dermaßen regiert zu werden." (Foucault 1992: 12) Der Aporie einer Totalkritik an einer Gesellschaft, der die Kritik selbst angehört, ist nicht zu entkommen. Jede Auflehnung gegen Macht wird Macht. Jede Aufklärung ist dem Selbstverdacht ausgesetzt, der Verblendung zuzuarbeiten.

Jede Totalkritik der umfassend schlechten Gesellschaft, die konsistent durchgeführt wird, erfasst auch sich selbst und hebelt sich selbst aus. Vor diesem Problem stehen alle kritischen Gesellschaftsinterpretationen, die einerseits Kri-

296 Karsten Ramser, Hoffnungslos optimistisch. Rubikon 10. 8. 2022. https://www.manova.news/artikel/hoffnungslos-optimistisch

tik der Mächtigen auch als Kritik ihrer umfassenden Manipulation betreiben, und die andererseits dieser umfassenden Manipulation zum Trotz doch auf ihrer Möglichkeit beharren, zu kritisieren. Konsequent sieht die Dialektik der Aufklärung für sich keine Rettung. Konsequent rettet sich das Verschwörungsdenken durch Inkonsistenz: Es stellt die eigene Kritikposition außerhalb den üblen Gesellschaftszusammenhang und nimmt sich selbst von der Kritik aus. In der publizistischen Praxis wird das so ausbuchstabiert: Es gibt eine kleine Gruppe der „Aufgewachten", deren privilegierte Einsichten in die wahren Zusammenhänge der Gesellschaft entweder schlicht vorausgesetzt oder als eine Art Erweckungserlebnis geschildert wird. Erst dadurch lässt sich die Gesellschaft in Böse und Gut, in *Sie* und *Wir*, unterteilen. Erst das Reklamieren dieser außergesellschaftlichen Kritikerposition schafft die Grundlage dafür, die Totalkritik der Gesellschaft mit einem Aufklärungsanspruch zu verbinden. Was aber bringt Aufklärung, die man von einer Position aus zu betreiben versucht, die man sich gegen die Logik des eigenen Weltbildes erschlichen hat? Die Inkonsequenz rächt sich spätestens dann, wenn die Kritik der Gesellschaft bei der Frage der Handlungskonsequenzen ankommt.

Wir sind davon ausgegangen, dass Gesellschaftskritik ein Moment des Handelns impliziert. Und tatsächlich hat sich ja gezeigt, dass die verschwörungsdenkerische Kritik darauf hinausläuft, dass Handeln dringend geboten ist. Das ergibt sich aus der fünf-vor-zwölf-Rhetorik. Es wurde aber auch deutlich, dass die Handlungsperspektive sehr vage bleibt. Die beiden Versionen der Verbindung von Kritik mit Handeln, unangemessen harmlose Vorschläge und überschäumende Gewaltphantasien, belegen, dass das Verschwörungsdenken als Gesellschaftskritik keinen Weg zur Praxis findet. Wenn nun die Kritik in ihrem Theorieansatz schon so angelegt ist, dass sich daran keine Handlungsperspektive anschließen lässt; wenn sich aus der Kritik vielmehr ergibt, dass eigentlich nichts zu machen ist – kann man das dann noch Gesellschaftskritik nennen? Sicher ist nur, dass sie als Kritik gemeint ist.

Aus der theoretischen Nichtausweisbarkeit der Kritikerposition wird – praktisch gewendet – eine marginalisierte, ohnmächtige Position am Gesellschaftsrand. Die Nichtausweisbarkeit der Kritikerposition im Verschwörungsweltbild wird in der Praxis zu einem graduellen Problem: Man ist in der Minderheit; und bleibt rettungslos in der Minderheit.

Kein Ausweg

Alles hängt von der Spitze ab. Das Verschwörungsweltbild entwirft Gesellschaft abgeleitet aus einem Amalgam aus ökonomischer Dominanz und politischer Macht, personalisiert in den „Eliten", Superreichen, Supermächtigen. Das sind *Sie*. Das Verschwörungsweltbild verdankt sich dem Umstand, dass das Alltagsdenken der Komplexität der Gesellschaft, die in die Lebenswelt der Leute eindringt, die einfache Handlungslogik überstülpt. Das Verschwörungsweltbild als Konzentrat: „Ein Mensch entscheidet für alle – weltweit“[297]. Der eine Mensch ist der Generaldirektor der WHO. Es kann genauso sonst jemand sein.

Das Verschwörungsweltbild erschließt sich erst, wenn man die soziologische Aufmerksamkeit auf die Kollision konzentriert, der es sich verdankt: Die Komplexität der sozialen Verhältnisse auf der einen Seite, die Handlungslogik auf der anderen. Das Verschwörungsdenken ist der Versuch, die Komplexität der Moderne abzuschütteln, indem man gegen sie denkt und sich vor sie zurückwünscht. Die Corona-Pandemie und der weltweite Klimanotstand haben genau jene Eigenschaften, die Einfachdenken mobilisieren. Es handelt sich um Ereignisse, die über die Lebenswelt hereinbrechen und von den Leuten als bedrohlich wahrgenommen werden. Sie machen den Leuten weltweite Interdependenzen bewusst und greifen mit Verhaltenszumutungen in ihr Leben ein. Das Verschwörungsweltbild macht es möglich, den Realitätsgehalt dieser Ereignisse in Abrede zu stellen, und ihre Folgen als Aktionen von *Ihnen* gegen *Uns* zu verstehen.

Verschwörungsdenken ist nicht einfach Spinnerei. In seinem Denken gegen die Moderne kristallisiert sich der systematische Versuch, eine moderne Vorstellung vormoderner sozialer Verhältnisse durchzusetzen. Aber dieser Versuch ist dreifach gebrochen. Erstens macht der Versuch, ob man will oder nicht, von dem genuin modernen Wissen Gebrauch, dass die sozialen Verhältnisse gestaltbar sind. Und im Fall des Verschwörungsweltbildes sogar umfassend gestaltbar. Zweitens kann es nicht um die Wiederherstellung traditionaler Verhältnisse gehen, sondern nur um die moderne Vorstellung vormoderner Verhältnisse. Und drittens findet sich auch in den kühnsten rückwärtsgewandten Vorstellungen kein Anzeichen dafür, dass die Retro-Utopien den Verzicht auf alle Errungenschaften der Moderne vorsehen. Ganz zu schweigen davon, dass die Rückkehr zur Tradition via Internet propagiert wird. Aus der Position des Verschwörungsweltbildes zwischen Moderne und Tradition ergeben sich Widersprüche, die sich nur durch Inkonsistenz bewältigen lassen. Dies liegt im Kern daran, dass das Verschwörungsweltbild Interpretationen der Wirklichkeit anleitet, die ihr schlicht unangemessen sind. Das Verschwörungsweltbild bricht sich immer wieder an der Wirklichkeit.

Wir sind an mehreren Stellen auf Inkonsistenzen gestoßen. Das liegt nicht daran, dass das Verschwörungsweltbild nicht durchdacht ist. Im Gegenteil: Das Verschwörungsweltbild ist völlig durchdacht – aus dem schlichten Grund, weil es einfach zu durchdenken ist. Seiner Logik fügt sich alles. Das Problem des Verschwörungsweltbildes, das sich in zahlreichen Inkonsistenzen manifestiert, be-

---

297 Andrea Drescher, Who is WHO? Eine Organisation auf dem Weg zur Alleinherrschaft? Tkp 3. 9. 2023. https://tkp.at/2023/09/03/who-is-who-eine-organisation-auf-dem-weg-zur-alleinherrschaft/

steht darin, dass es auf die sozialen Verhältnisse in der Moderne nicht passt. Das Denken gegen die Moderne spießt sich an intellektuellen und institutionellen Voraussetzungen, die auch das Verschwörungsdenken weder preisgeben kann noch will.

Die Verschwörungspublizistik greift reale Probleme auf und stößt deshalb auf eine gewisse Resonanz. Aber ihre Stoßrichtung gegen die Moderne unterläuft ihren Realitätsbezug. Die Dominanz des ökonomischen Systems in der kapitalistischen Moderne wird im Einfachdenken zur alles beherrschenden Supermacht einiger ökonomisch konnotierter Figuren und Gruppen. Bill Gates, George Soros, die Familien Rothschild und Rockefeller, das Word Economic Forum, die Ostküste, die Juden. Sie bedienen sich diverser politischer Einheiten, UN, WHO, EU, nationale Regierungen, um ihre Gier, Macht- und Kontrolllust auszuleben. Ihr Reichtum setzt sich in Macht um und beherrscht die Welt. So kommt die wenig einladende Welt des Verschwörungsweltbildes zustande.

Indem das Verschwörungsdenken ein Handlungszentrum postuliert, von dem aus die Welt erklärt wird, wendet es sich gegen funktionale Differenzierung, ein Grundmuster der modernen Gesellschaft. Funktionale Differenzierung schließt zwar die Annahme eines Zentrums oder einer Spitze, nicht aber die Möglichkeit eines dominanten Teilsystems aus. In das Theorie-Bild der funktional differenzierten Gesellschaft lässt sich das kapitalistisch-ökonomische System als hervorgehoben einbauen, und zugleich lässt sich diese Hervorhebung – aus der soziologischen Position der Beobachtung zweiter Ordnung – durch die besondere lebensweltliche Relevanz der Ökonomie für die Leute empirisch bestätigen. Funktionale Differenzierung, empirisch gewendet, schließt auch die Möglichkeit ein, dass das dominante System wechselt. Allerdings haben solche Wechsel, zum Beispiel zum Gesundheitssystem oder zum Wissenschaftssystem, nur für kurze Zeit Bestand. Sie werden als außergewöhnlich und als irritierend angesehen. Und sie führen zur Mobilisierung von Interessen, die ökonomische Funktionsprobleme als Argumente verwenden können, um „wirtschaftliche Vernunft" zu reinstallieren. Das war in der Corona-Krise der Fall und zeigt, dass im Kapitalismus im Normalfall die Ökonomie dominiert.

Solche Beobachtungen, der Soziologie und der Leute, finden sich im Verschwörungsweltbild nur gebrochen wieder. Es kommen zwar keine ökonomischen Strukturen und Funktionszusammenhänge in den Blick, aber Reichtum wird Thema. Dabei fordert die Logik der Handlung zweierlei: Erstens kann die Relevanz des ökonomischen Systems nur als Ausstattung des Handlungszentrums mit finanziellen Mitteln auftreten; und zweitens muss dieser Reichtum in grenzenlose Macht des Handlungszentrums übersetzt werden. Nur so kommt man zu den Supermächtigen, die die Welt beherrschen. Hier ist ein letztes, kompaktes Beispiel für das Zusammenwirken des Planes der Mächtigen mit einer manipulierten, dekadenten Mehrheit, das die Menschheit in den Abgrund führen wird: „Das nicht kommunizierte Ziel ist allerdings die totale Kontrolle über die Herde aus unbedarften Erfüllungsgehilfen einer Pseudo-Klimaretter-Gesellschaft und angepassten, verweichlichten Wohlstandskindern, die leicht mit falschen Versprechungen in die Irre geführt werden können." ... „Diese Neue Realität wird die Welt, wird die Blauäugigen und Unvorbereiteten in ein Desaster nie gekannten Ausmaßes führen, gerade weil sie nicht damit rechnen und – verführt vom Bösen – das Gute glauben und dabei das Böse fördern. Längst sprechen die Handelnden schamlos vom Hungern und Frieren, vom Massensterben an selbst gezüchteten Viren und benennen dabei jeweils die angeblich Schuldigen: Querdenker, Ungeimpfte, Putin."[298]

Das Verschwörungsweltbild ist ein Phänomen des Übergangs zwischen Tradition und Moderne. Es ist darin traditional, dass es die Wirklichkeit unter Rückgriff auf einen absoluten Bezugspunkt erklärt. Das Verschwörungsweltbild ist darin modern, dass es strikt innerweltlich ist. Das bedeutet, dass es keine jenseitige Kompensation für diesseitig erlittene Nachteile versprechen kann. Daraus folgt, dass es sich auf die (grundlegende) Veränderung der sozialen Verhältnisse richtet. Anders wäre es eine kaum attraktive, fatalistische Lehre. Aber so ist es nicht. Es hat sich ja gezeigt, dass das Verschwörungsweltbild zwar von übermächtigen Bedrohungen ausgeht; und eigentlich ist nichts zu machen. Aber gegen die Logik wird dann doch darauf beharrt, dass *Sie Uns* nur beinahe in der Hand haben – nicht ganz. Genau in diesem Aspekt stützt sich das Verschwörungsweltbild auf die zentrale Idee der Moderne: auf die Möglichkeit der Gestaltung der Gesellschaft durch ihre Mitglieder. Und zwar in zweifacher Weise. Vom Status quo wird gesagt, dass *Sie* ihn gestalten. Und die Veränderungsperspektive ist, dass *Wir* die Gesellschaft selbst organisieren. Von dieser zwiespältigen Lage zwischen Tradition und Moderne aus richtet sich das Verschwörungsdenken gegen die Moderne.

Sind die Texte harmlos? Nein. Einzelne Texte mögen naiv, ihre Absichten durchsichtig, ihre Darstellungsweisen manchmal eher komisch sein. Aber insgesamt entsteht ein Weltbild, das in sich geschlossen und darum durch externe Hinweise auf Inkonsistenzen kaum irritierbar ist. Der Hermetik des Verschwörungsweltbildes entspricht die Ausweglosigkeit, in der sich jene sehen müssen, die in ihm befangen sind. Zum einen erfahren sie, dass sie sich in großer Gefahr befinden und dass ihnen nur noch wenig Zeit bleibt, dagegen etwas zu tun. Zum anderen aber gibt es kaum Handlungsmöglichkeiten, jedenfalls keine, die der Größe der Gefahr angemessen wären. Das Erklären im Verschwörungsweltbild kann leicht zu „den tatsächlichen Mächten im Hintergrund"[299] vordringen. Das

298 Lothar Obrecht, Die Momentaufnahme. Rubikon 28. 7. 2022. https://www.manova.news/artikel/die-momentaufnahme

299 Assoc. Prof. Dr. Stephan Sander-Faes, Made in China, Designed by ... ? „Neues" zu den Ursprüngen von Sars-Cov-2. Tkp 11. 6. 2023. https://tkp.at/2023/06/11/made-in-china-designed-by-neues-zu-den-urspruengen-von-sars-cov-2/

Handeln nicht. Also bleibt es entweder bei Phantasien über Atombombenabwürfe auf Davos. Oder man stellt fest, dass tatsächlich nichts mehr zu machen ist: „Die totalitäre Dystopie ist bereits da.“[300]

Das Verschwörungsweltbild schafft Ordnung, vermittelt aber keine Beruhigung. Die Verschwörungspublizistik selbst fordert ja dazu auf, beunruhigt zu sein, Angst zu haben. Und immanent gesehen besteht dafür tatsächlich Anlass: Sind *Wir* doch mit Supermächtigen konfrontiert, die dabei sind, unsere Welt zu zerstören, uns die Freiheit und den freien Willen zu nehmen. Und zwar demnächst. Beruhigung träte erst ein, wenn nicht nur das Denken, sondern auch die sozialen Verhältnisse einfacher würden. Aber bei allem Gestaltungswillen sind sie in der Praxis doch so gut wie unerreichbar.

Was folgt daraus? Die Logik der Handlung, die das Erklären bestimmt, legt auch die Adressaten des Widerstandes fest: Wenn Personen für alles Übel verantwortlich sind, sind auch Personen zu bekämpfen. Und wenn die wahren Urheber, die Supermächtigen, quasi ex definitione unerreichbar sind, muss man sich an ihre Stellvertreterinnen und Handlanger halten, an Politikerinnen und Politiker, an die Exekutive, letztlich an alle, die man für Repräsentanten des Unterdrückungsregimes hält, in dem man zu leben wähnt. Dafür eignet sich fast jede und jeder. Und das ist kein Spaß.

Was könnte man tun? Die Analysen zum Verschwörungsdenken kippen an diesem Punkt meist ins Ratgeberische: Empfohlen wird geduldige Aufklärung, verbunden mit dem Rat, man möge sich davon nicht viel erwarten. Das Verschwörungsweltbild sei eben gegen Irritationen von außen hermetisch abgedichtet. Stimmt ja. Was also ließe sich außerdem machen? Aus soziologischer Sicht liegt nahe oder sollte doch naheliegen, die Strukturbedingungen des Verschwörungsdenkens ins Auge zu fassen und deren Veränderbarkeit zu prüfen. Die Strukturbedingungen für Verschwörungsdenken zu verändern bedeutet grundsätzlich, die komplexen sozialen Verhältnisse und die Lebenswelt voneinander zu separieren. Zum einen ist das eine Frage des Erwerbs von Wissen über komplexe Zusammenhänge, also Bildung. Lernziel: Unterschiedliche Realitätsfelder anhand unterschiedlicher, ihnen jeweils angemessener Logiken zu erschießen. Und zum anderen ist es ein systemisch-organisatorischer Imperativ. Die Überforderung der Lebenswelt durch Komplexität ist nicht Schicksal. Sie lässt sich durch Politik in den Griff bekommen, welche die Leute in die Lage versetzt, den Zumutungen von Komplexität in ihrer Lebenswelt gelassener zu begegnen. Das verweist auf die Bedeutung von sozialer Sicherheit (Vobruba 2022: 285 ff.).

Das Verschwörungsweltbild markiert keine Position in den Auseinandersetzungen um besseres Wissen. Vielmehr repräsentiert es eine Logik der Welterklärung, die man aus den komplexen sozialen Verhältnissen der Moderne

300 Caitlin Johnstone, Die totalitäre Dystopie ist bereits da. Overton 5. 10. 2023. https://overton-magazin.de/hintergrund/wirtschaft/die-totalitaere-dystopie-ist-bereits-da/

zwar erklären kann, die aber zur Aufklärung dieser Verhältnisse nichts beiträgt. Vom Verschwörungsweltbild aus nimmt man am „Streit ums bessere Wissen“ (Bogner 2021: 18; Vobruba 2019) nicht teil, sondern stellt sich außerhalb. Die Interpretation der Gesellschaft als ein von einer Spitze aus gelenktes Projekt der Supermächtigen ist der Moderne unangemessen. Darum gehen die Versuche, die sozialen Verhältnisse angeleitet vom Verschwörungsdenken zu verändern, ins Leere. Freilich lässt sich von diesem Satz leicht sagen, dass er im Auftrag der Supermächtigen entstanden ist. Wie alles andere auch.

Literatur

Balog, Andreas 1988/2012. Soziologie und die „Theorie des Handelns". In: Johann August Schülein, Gerald Mozetic (Hg.), Handlung. Neue Versuche zu einem klassischen Thema. Wiesbaden: Springer VS. 11–38.

Barlösius, Eva 1997. Naturgemäße Lebensführung. Zur Geschichte der Lebensreform um die Jahrhundertwende. Frankfurt a. M., New York: Campus.

Benz, Wolfgang 2007. Die Protokolle der Weisen von Zion. Die Legende von der jüdischen Weltverschwörung. München: C. H. Beck.

Berger, Peter L., Thomas Luckmann 1969. Die gesellschaftliche Konstruktion der Wirklichkeit. Frankfurt a. M. : Fischer.

Blattberg, Charles 2021. Pourquoi les théories du complot sont amusantes. Entretien réalisé par Alexandre Legault. In : siggi. Le magazin de sociologie. No 3. Québec. 44–47.

Blumenberg, Hans 1981. Die Genesis der kopernikanischen Welt. Der kopernikanische Komparativ. Die kopernikanische Optik. Frankfurt a. M.: Suhrkamp.

Blumenberg, Hans 2001. Lebenszeit und Weltzeit. Frankfurt a. M.: Suhrkamp.

Bogner, Alexander 2021. Die Epistemisierung des Politischen. Stuttgart: Reclam.

Boltanski, Luc 2015. Rätsel und Komplotte: Kriminalliteratur, Paranoia, moderne Gesellschaft. Frankfurt a. M.: Suhrkamp.

Bonß, Wolfgang 1995. Vom Risiko. Unsicherheit und Ungewissheit in der Moderne. Hamburg: Hamburger Edition.

Borsano, Gabriella et al. (Red.) 1979. Monte Verità. Berg der Wahrheit. Katalog zur Ausstellung im Museum des 20. Jahrhunderts. Wien. 12. 9. bis 11. 11. 1979.

Borst, Otto 1983. Alltagsleben im Mittelalter. Frankfurt a. M.: Insel.

Bröckling, Ulrich 2010. „Nichts ist politisch, alles ist politisierbar" – Michel Foucault und das Problem der Regierung. Nachwort in: Michel Foucault, Kritik des Regierens. Berlin: Suhrkamp. 403–439.

Bröckling, Ulrich 2014. Nachdem der Kopf des Königs gefallen ist. Zum Verständnis der Geschichte bei Michel Foucault und Günter Dux. In: Günter Dux, Jörn Rüsen (Hg.), Strukturen des Denkens. Wiesbaden: Springer VS. 167–181.

Bruhat, Jean 1986. Die Arbeitswelt der Städte. In: Fernand Braudel, Ernest Labrousse (Hg.), Wirtschaft und Gesellschaft in Frankreich im Zeitalter der Industrialisierung 1789–1880. Band 2. 245–284.

Butter, Michael 2014. Konspirationistisches Denken in den USA. In: Andreas Anton, Michael Schetsche, Michael Walter (Hg.), Konspiration. Wiesbaden: Springer VS. 259–276.

Butter, Michael 2018. „Nichts ist, wie es scheint". Über Verschwörungstheorien. Berlin: Suhrkamp.

Cairncross, Frances 2001. The Death of Distance. How the Communications Revolution Is Changing Our Lives. Harvard Business School Press.

Clausen, Lars 1994. Krasser sozialer Wandel. Wiesbaden: Springer Fachmedien.

Coady, David 2014. Gerüchte, Verschwörungstheorien, Propaganda. In: Andreas Anton, Michael Schetsche, Michael Walter (Hg.), Konspiration. Wiesbaden: Springer VS. 277–299.

Decker, Oliver, Johannes Kiess, Elmar Brähler 2013. Rechtsextremismus der Mitte. Eine sozialpsychologische Gegenwartsstudie. Gießen: Psychosozial-Verlag.

Die Protokolle (1920/2021). Die Protokolle der Weisen von Zion. Eine Fälschung. Text und Kommentar. Hrsgg. von Jeffrey L. Sammons. 12. Auflage. Göttingen: Wallstein.

Dilling, Marius, Johannes Kiess, Oliver Decker 2023. Der Sachsen-Monitor 2021/2022. In: Oliver Decker, Fiona Kalkstein, Johannes Kiess (Hg.), Demokratie in Sachsen. Jahrbuch des Else-Frenkel-Brunswick-Instituts für 2022. Leipzig: Edition Überland. 21–39.
Duby, Georges 1984. Krieger und Bauern. Die Entwicklung der mittelalterlichen Wirtschaft und Gesellschaft bis um 1200. Frankfurt a. M.: Suhrkamp.
Dux, Günter 1982/2017. Die Logik der Weltbilder (Gesammelte Schriften Bd. 3). Wiesbaden: Springer VS.
Dux, Günter 1989/2017. Die Zeit in der Geschichte. (Gesammelte Schriften). Bd. 4. Wiesbaden: Springer VS.
Dux, Günter 2000/2017. Historisch-genetische Theorie der Kultur (Gesammelte Schriften Bd. 2). Wiesbaden: Springer VS.
Dux, Günter 2017. Die Evolution der humanen Lebensform als geistige Lebensform. Handeln, Denken, Sprechen (Gesammelte Schriften Bd. 1). Wiesbaden: Springer VS.
Dux, Günter 2019. Historisch-genetische Theorie der Gesellschaft (Gesammelte Schriften Bd. 13). Wiesbaden: Springer VS.
Endreß, Martin 2012. Vertrauen und Misstrauen – Soziologische Überlegungen. In: Christian Schilcher, Mascha Will-Zocholl, Marc Ziegler (Hg.), Vertrauen und Kooperation in der Arbeitswelt. Wiesbaden: Springer VS. 81–102.
Endreß, Martin 2022. Fake-News, Verschwörungsdenken und politischer Extremismus – Vertrauen in einer sich fraktionierenden Gesellschaft. In: Mathias Lindenau, Marcel Meier Kressig (Hg.), Vertrauen – ein riskantes Unterfangen? Darmstadt: WBG. 31–47.
Engels, Friedrich 1845/1970. Die Lage der arbeitenden Klasse in England. In: MEW Bd. 2. Berlin: Dietz. 225–506.
Ewald, Francois 1993. Der Vorsorgestaat. Frankfurt a. M.: Suhrkamp.
Foucault, Michel 1975/2021. Überwachen und Strafen. Frankfurt a. M.: Suhrkamp.
Foucault, Michel 1992. Was ist Kritik? Berlin: Merve.
Foucault, Michel 2010. Kritik des Regierens. Ausgewählt und mit einem Nachwort von Ullrich Bröckling. Berlin: Suhrkamp.
Freyer, Hans 1931. Einleitung in die Soziologie. Leipzig: Quelle & Meyer.
Ganßmann, Heiner 1996. Geld und Arbeit. Frankfurt a. M., New York: Campus.
Geiger, Theodor 1932. Die soziale Schichtung des deutschen Volkes. Stuttgart: Ferdinand Enke.
Giegler, Stefan, Josef Oberneder, Paul Reinbacher 2020. Sehnsucht nach Klarheit. Der Wunsch nach Orientierung in einer komplexen Welt und seine Auswirkungen auf Führung – ein Werkstattbericht. In: Paul Reinbacher, Josef Oberneder (Hg.), Warum Komplexität nützlich ist. Auf der Suche nach Antworten mit Helmut Willke. Wiesbaden: Springer VS. 205–213.
Ginzburg, Carlo 1979. Der Käse und die Würmer. Die Welt eines Müllers um 1600. Frankfurt a. M.: Syndikat.
Globisch, Claudia 2013. Radikaler Antisemitismus. Wiesbaden: Springer VS.
Gurjewitsch, Aaron J. 1980. Das Weltbild des mittelalterlichen Menschen. München: C. H. Beck.
Habermas, Jürgen 1981. Theorie kommunikativen Handelns. 2 Bände. Frankfurt a. M.: Suhrkamp.
Habermas, Jürgen 1985. Der philosophische Diskurs der Moderne. Frankfurt a. M.: Suhrkamp.
Habermas, Jürgen 2022. Ein neuer Strukturwandel der Öffentlichkeit und die deliberative Politik. Berlin: Suhrkamp.
Habermas, Rebekka 1988. Wunder, Wunderliches, Wunderbares. Zur Profanisierung eines Deutungsmusters in der frühen Neuzeit. In: Richard van Dülmen (Hg.), Armut, Liebe, Ehre. Studien zur historischen Kulturforschung. Frankfurt a. M.: Fischer. 38–66.
Hacking, Ian 1999. Was heißt ‚soziale Konstruktion'? Zur Konjunktur einer Kampfvokabel in den Wissenschaften. Frankfurt a. M.: Fischer TB.
Heine, Heinrich 1829/1969. Die Bäder von Lucca. In: Heinrich Heine, Werke. Ausgewählt und herausgegeben von Martin Greiner. Köln, Berlin: Kiepenheuer & Witsch.

Hirschman, Albert O. 1992. Denken gegen die Zukunft. Die Rhetorik der Reaktion. München: Hanser.
Hirst, Paul, Grahame Thompson, Simon Bromley 2009. Globalization in Question. Cambridge: Polity Press.
Hitzler, Ronald, Michaela Pfadenhauer 2004. Die Macher und ihre Freunde. Schließungsprozeduren in der Techno-Party-Szene. In: Ronald Hitzler, Stefan Hornbostel, Cornelia Mohr (Hg.), Elitenmacht. Wiesbaden: Springer VS. 315–329.
Hofmann, Werner (Hg.) 1981. Experiment Weltuntergang. Wien um 1900. München: Prestel.
Holtorf, Christian 2013. Der erste Draht zur Neuen Welt. Die Verlegung des transatlantischen Telegrafenkabels. Göttingen: Wallstein.
Holz, Klaus 2001. Nationaler Antisemitismus. Wissenssoziologie einer Weltanschauung. Hamburg: Hamburger Edition.
Holz, Klaus, Thomas Haury 2021. Antisemitismus gegen Israel. Hamburg: Hamburger Edition.
Horkheimer, Max, Theodor W. Adorno 1944/1969. Dialektik der Aufklärung. Frankfurt a. M.: S. Fischer.
James, Harold 2005. Der Rückfall. Die neue Weltwirtschaftskrise. München: Piper.
James, Harold 2022. Schockmomente. Eine Weltgeschichte von Inflation und Globalisierung 1850 bis heute. Freiburg i. Br.: Herder.
Janz, Rolf-Peter 1985. Die Faszination der Jugend durch Rituale und sakrale Symbole. Mit Anmerkungen zu Fidus, Hesse, Hoffmannsthal und George. In: Thomas Koebner, Rolf-Peter Janz, Frank Trommler (Hg.), "Mit uns zieht die neue Zeit". Der Mythos Jugend. Frankfurt a. M.: Suhrkamp. 310–337.
Katz, Richard 1934. Drei Gesichter Luzifers. Lärm, Maschinen, Geschäft. Erlenbach-Zürich, Leipzig: Rentsch.
Kiess, Johannes 2021. Antisemitismus als antimodernes Ressentiment. In: Birgit Blättel-Mink (Hg.), Gesellschaft unter Spannung. Verhandlungen des 40. Kongresses der deutschen Gesellschaft für Soziologie 2020. https://publikationen.soziologie.de/index.php/kongressband_2020/article/view/1295/1566
Kittsteiner, Heinz Dieter 2010. Die Stabilisierungsmoderne. Deutschland und Europa 1618–1715. München: Hanser.
Knoblauch, Hubert 2017. Die kommunikative Konstruktion der Wirklichkeit. Wiesbaden: Springer VS.
Koselleck, Reinhard 1984. „Neuzeit". Zur Semantik moderner Bewegungsbegriffe. In: Reinhard Koselleck, Vergangene Zukunft. Frankfurt a. M.: Suhrkamp. 300–348.
Koselleck, Reinhard 1984a. „Erfahrungsraum" und „Erwartungshorizont" – zwei historische Kategorien. In: Reinhard Koselleck, Vergangene Zukunft. Frankfurt a. M.: Suhrkamp. 349–375.
Kraemer, Klaus 2022. How do state authorities act under existential uncertainty? Hypotheses on the social logic of political decision-making processes during the Coronavirus pandemic. In: Culture, Practice & Europeanization, Vol. 7, No. 1. 5–36.
Kraus, Karl 1922. Die letzten Tage der Menschheit. Wien, Leipzig: Verlag Die Fackel.
Kreissl, Reinhard, Norbert Leonhardmair, Michaela Scheriau 2018. SOURCE Annual Societal Security Report 4. Vienna: VICESSE.
Loick, Daniel 2012. Kritik der Souveränität. Frankfurt a. M., New York: Campus.
Luckmann, Thomas 1998. Gesellschaftliche Bedingungen geistiger Orientierung. In: Thomas Luckmann (Hg.), Moral im Alltag. Gütersloh: Verlag Bertelsmann Stiftung. 19–46.
Luckmann, Thomas et al. 2015. „Nichts ist die Wirklichkeit selbst." Thomas Luckmann, Hans-Georg Soeffner und Georg Vobruba im Gespräch. In: Soziologie. Forum der deutschen Gesellschaft für Soziologie. Jg. 44, Heft 4. 411–434.
Luhmann, Niklas 1991. Soziologie des Risikos. Berlin, New York: Walter de Gruyter.
Luhmann, Niklas 1997. Die Gesellschaft der Gesellschaft. 2 Bände. Frankfurt a. M.: Suhrkamp.
Luhmann, Niklas 2005. Einführung in die Theorie der Gesellschaft. Heidelberg: Carl Auer.

Luhmann, Niklas 2009. Die Realität der Massenmedien. 4. Auflage. Wiesbaden: Springer VS.
Maus, Marcel 2017. Die Nation oder Der Sinn fürs Soziale. Frankfurt a. M., New York: Campus.
Mayntz, Renate 2009. Emergence in Philosophy and Social Theory. In: Renate Mayntz, Sozialwissenschaftliches Erklären. Probleme der Theoriebildung und Methodologie. Frankfurt a. M., New York: Campus. 133–155.
Meyer, Kim 2018. Das konspirologische Denken. Weilerswist: Velbrück.
Mommsen, Hans 1986. Generationskonflikt und Jugendrevolte in der Weimarer Republik. In: Thomas Koebner, Rolf-Peter Janz, Frank Trommler (Hg.), „Mit uns zieht die neue Zeit". Der Mythos Jugend. Frankfurt a. M. : Suhrkamp. 50–67.
Moreno, Carlos 2016. La ville du quarte d'heure : pour un nouveau chrono-urbanism. La Tribune 5. 10. 2016. https://www.latribune.fr/regions/smart-cities/la-tribune-de-carlos-moreno/la-ville-du-quart-d-heure-pour-un-nouveau-chrono-urbanisme-604358.html
Münch, Richard 1998. Globale Dynamik, lokale Lebenswelten. Frankfurt a. M.: Suhrkamp.
Neckel, Sighard 2023. Zerstörerischer Reichtum. Wie eine globale Verschmutzerelite das Klima ruiniert. In: Blätter für deutsche und internationale Politik. April 2023. 47–56.
Nestroy, Johann 1835. Der böse Geist Lumpazivagabundus oder Das liederliche Kleeblatt. Zauberposse in drei Akten. Wien: Verlag der k.u.k. Wallishausser'schen Hofbuchhandlung.
Nissen, Sylke, Georg Vobruba 2009. Das Problem der materiellen Existenzsicherung. In: Sylke Nissen, Georg Vobruba (Hg.), Die Ökonomie der Gesellschaft. Wiesbaden: Springer VS. 7–14.
Paul, Axel T. 2022. Digital Future$. Ausblicke auf die Zukunft des Geldes. Bulletin SAGW 3/2022. 26–31.
Piaget, Jean 1973. Einführung in die genetische Erkenntnistheorie. Frankfurt a. M.: Suhrkamp.
Plessner, Helmuth 1924/1981. Grenzen der Gemeinschaft. Eine Kritik des sozialen Radikalismus. In: Helmuth Plessner, Gesammelte Schriften V. Frankfurt a. M.: Suhrkamp. 7–133.
Plessner, Helmuth 1962/1982. Die Legende von den zwanziger Jahren. In: Helmuth Plessner, Gesammelte Schriften VI. Frankfurt a. M.: Suhrkamp. 261–279.
Polanyi, Karl 1944/1977. The Great Transformation. Wien: Europaverlag.
Popper, Karl 1949/1972. Prognose und Prophetie in den Sozialwissenschaften. In: Ernst Topitsch (Hg.), Logik der Sozialwissenschaften. Köln: Kiepenheuer & Witsch. 113–125.
Puhle, Hans-Jürgen 1986. Was ist Populismus? In: Helmut Dubiel (Hg.), Populismus und Aufklärung. Frankfurt a. M.: Suhrkamp. 12–32.
Reinertsen Berg, Thomas 2023. Die Geschichte der Gewürze. Genuss, Gier und Globalisierung. Bern: Haupt.
Remmele, Bernd 2014. Zur Genese des mechanistischen Denkens am Beginn der Neuzeit. In: Günter Dux, Jörn Rüsen (Hg.), Strukturen des Denkens. Wiesbaden: Springer VS. 125–143.
Roepert, Leo 2022. Die globalistische Elite gegen das Volk. Antisemitismus und rechtspopulistisches Elitenbild. In: Aschkenas, Vol. 32, No. 2. 279–301.
Rothschild, Mike 2023. Jewish Space Lasers. The Rothschilds and 200 Years of Conspiracy Theories. Hoboken, N. J.: Melville House.
Rousseau, Jean-Jacques 1762/1977. Der Gesellschaftsvertrag. Stuttgart: Reclam.
Sammons, Jeffrey L. 2021. Einführung. In: Die Protokolle der Weisen von Zion. Eine Fälschung. Text und Kommentar. 12. Auflage. Göttingen: Wallstein. 7–26.
Schimank, Uwe 2015. Modernity as a functionally differentiated capitalist society. A general theoretical model. In: European Journal of Social Theory, Vol. 18, No. 4. 413–430.
Schivelbusch, Wolfgang 1979. Geschichte der Eisenbahnreise. Zur Industrialisierung von Raum und Zeit im 19. Jahrhundert. Frankfurt a. M., Berlin, Wien: Ullstein.
Schütz, Alfred, Thomas Luckmann 2003. Strukturen der Lebenswelt. Konstanz: UVK.
Simmel, Georg 1900/1989. Philosophie des Geldes. Frankfurt a. M.: Suhrkamp.
Simonelli, Thierry, Katja Leyhausen 2022. Karl Poppers Verschwörungstheorie – Eine kritische Besprechung. In: Magazin für demokratische Kultur 25. 8. 2022. https://1bis19.de/wissenschaft/karl-poppers-verschwoerungstheorie-teil-2v2-eine-kritische-besprechung/

Soeffner, Hans-Georg 1989. Auslegung des Alltags – Der Alltag der Auslegung. Frankfurt a. M.: Suhrkamp.

Soeffner, Hans-Georg 2000. Erneuerung durch alternative Gruppen? Zum „Innovationspotential" neuer sozialer Bewegungen. In: Hans-Georg Soeffner, Gesellschaft ohne Baldachin. Über die Labilität von Ordnungskonstruktionen. Weilerswist: Velbrück. 238–253.

Sombart, Werner 1916/1987. Der moderne Kapitalismus. Band I, Die vorkapitalistische Wirtschaft. Zweiter Halbband. München: dtv.

Sutter, Tilmann, Josef Wehner 2023. Das sichtbare Publikum? In: Florian Mühle, Tilmann Sutter, Josef Wehner (Hg.), Das sichtbare Publikum? Wiesbaden: Springer VS. 1–29.

Thomas, Keith 1988. Vergangenheit, Zukunft, Lebensalter. Zeitvorstellungen im England der frühen Neuzeit. Berlin: Wagenbach.

Thomas, William Isaac, Dorothy Swaine Thomas 1928. The Child in America: Behavior Problems and Programs. New York: Alfred A. Knopf.

Tilly, Charles 2021. Why? Was passiert, wenn Leute Gründe angeben ... und warum. Hamburg: Hamburger Edition.

Treiber, Hubert, Heinz Steinert 1980. Die Fabrikation des zuverlässigen Menschen. München: Heinz Moos.

Trommler, Frank 1985. Mission ohne Ziel. Über den Kult der Jugend im modernen Deutschland. In: Thomas Koebner, Rolf-Peter Janz, Frank Trommler (Hg.), „Mit uns zieht die neue Zeit". Der Mythos Jugend. Frankfurt a. M.: Suhrkamp. 14–49.

Vobruba, Georg 1994. Gemeinschaft ohne Moral. Theorie und Empirie moralfreier Gemeinschafts-Konstruktionen. Wien: Passagen.

Vobruba, Georg 2000. Alternativen zur Vollbeschäftigung. Frankfurt a. M.: Suhrkamp.

Vobruba, Georg 2019. Die Kritik der Leute. Einfachdenken gegen besseres Wissen. Weinheim, Basel: Beltz Juventa.

Vobruba, Georg 2019a. The logic of populism. Consequences of the clash between complexity and simple thinking. In: Culture, Practice & Europeanization, Vol. 4, No. 2. 102–106.

Vobruba, Georg 2019b. Soziologische Gesellschaftstheorie. Einleitung 2019. In: Georg Vobruba, Die Gesellschaft der Leute. 2. Aufl. Wiesbaden: Springer VS. V-XXI.

Vobruba, Georg 2020. Einfachdenken in der komplexen Gesellschaft. Das Volk, die repräsentative Demokratie und der Populismus. In: Martin Endreß, Sylke Nissen, Georg Vobruba, Aktualität der Demokratie. Weinheim, Basel: Beltz Juventa. 105–155.

Vobruba, Georg 2020a. Kritik zwischen Praxis und Theorie. Weinheim, Basel: Beltz Juventa.

Vobruba, Georg 2022. Jenseits der sozialen Fragen. Wirkungen und Folgewirkungen sozialer Sicherheit. In: Sigrid Betzelt, Thilo Fehmel (Hg.), Deformation oder Transformation? Analysen zum wohlfahrtsstaatlichen Wandel im 21. Jahrhundert. Wiesbaden: Springer VS. 277–295.

Vobruba, Georg 2023. Verschwörungsdenken und Gewalttoleranz. In: Merkur Nr. 885. März 2023. 93–98.

Vogel, Berthold 2007. Die Staatsbedürftigkeit der Gesellschaft. Hamburg: Hamburger Edition.

Volkmann, Ute 2023. Das partizipative Publikum: Eine theoretische Verortung. In: Florian Mühle, Tilmann Sutter, Josef Wehner (Hg.), Das sichtbare Publikum? Wiesbaden: Springer VS. 59–86.

Von Pannwitz, Kurt 1999. Die Entstehung der Allgemeinen Deutschen Wechselordnung. Frankfurt a. M.: Peter Lang.

Webb, Sidney, Beatrice Webb 1912. Das Problem der Armut. Jena: Eugen Diederichs.

Weber, Max 1911. Geschäftsbericht. In: Verhandlungen des Ersten Deutschen Soziologentages vom 19.–22. Oktober 1910 in Frankfurt a. M. (Reprint). Tübingen: J. C. B. Mohr. 39–62.

Wedemeyer-Kolwe, Bernd 2004. „Der neue Mensch". Körperkultur im Kaiserreich und in der Weimarer Republik. Würzburg: Königshausen & Neumann.

Wetzel, Gideon, Sophie Nissen, Johannes Kiess 2022. Ergebnisse des qualitativen Telegram-Monitorings. In: Johannes Kiess, Gideon Wetzel, Extrem rechte Online-Mobilisierung zwischen

Corona und Krieg. EFBI Digital Report 2022–1. https://efbi.de/files/efbi/pdfs/2022-1-EFBI%20Digital%20Report_final.pdf
Weyand, Jan 2016. Historische Wissenssoziologie des modernen Antisemitismus. Göttingen: Wallstein.

Georg Vobruba
Kritik zwischen
Praxis und Theorie
2020, 172 Seiten, broschiert
ISBN: 978-3-7799-6272-4
Auch als E-BOOK erhältlich

Die Kritik der sozialen Verhältnisse ist ein Kernanliegen der Soziologie. Allerdings ist die Frage: Wie stehen Soziologie und Kritik zueinander? Der Band sammelt Argumente dafür, Kritik als Praxis der Leute zu sehen, sie also als prominentes Untersuchungsobjekt zu nehmen. Ihren kritischen Beitrag leistet die Soziologie indem sie zeigt, wie Bedingungen für Kritik in der Gesellschaft zustande kommen.